일본어 첫걸음 **강독을 위한**

日本語 文法

개정 증보판

『강독을 위한 일본어 문법』을 다시 펴내며 ─────────

　지금으로부터 약 20여 년 전, 작은 방 안에 7, 8명의 젊은이들이 모여 있었다. 그들은 복사물 비슷한 『강독을 위한 일본어 문법』 책자를 앞에 놓고 일주일간 강행군을 하기로 작정하고 있었다. 사회과학 이론에 대해 얼핏 세례를 받은 이들은 사회현상을 제대로 파악하기 위한 '이론'에 목말라 있었다. 그러나 그 당시에는 우리말로 된 책자가 그리 많지 않아 상대적으로 구하기 쉬운 일본어로 된 사회과학 서적으로 '원전'에 좀더 접근해보고자 한 것이었다.

　일본어는 우리말과 어순이 같고, 특히 어려운(?) 책일수록 한자를 많이 사용하여 일본어 문법을 약간만 공부하면 그런대로 책을 읽을 수 있겠다는 생각에서 시작한 공부였다. 첫날에는 '아, 이, 우, 에, 오, 가, 기, 구, 게, 고 ……'를 외우고 그대로 형용사의 활용으로 직행했다. 태어나서 처음으로 일본어를 발음해본 처지로서는 황당한 진도이기도 했지만 아무도 이의를 제기하지 않았다. 'これは本です'는 '고레와본데스'라고 아무 거리낌없이 큰소리로 읽었다. 집에 가서 열심히 복습하고 다음날과 그 다음날에는 동사에 대해 마스터했다. 이렇게 나흘간 일본어 문법을 섭렵하고 닷새째부터는 일본어로 된 책을 가지고 이른바 '강독'을 하였다. 짧은 문법 실력을 서로 모아 해석문을 조금씩 길게길게 만들면서 사흘을 보내고, 드디어 '일본어 문법' 강좌는 끝났다. 그후로 스스로 사전을 찾아가며 공부하다가 후배에게 일본어를 가르쳐주는 선배가 되기도 하였다.

　조금은 황당하지만 이것이 『강독을 위한 일본어 문법』이 탄생하게 된 배경이자 가장 적극적으로 활용된 예라고 생각한다. 그후 이 책은 비공식적으로 20만 부 정도 읽혔고(몇 부가 판매됐는지는 아무도 모른다), '일주일만 열심히 하면 일본어로 된 책을 읽을 수 있다'는 신화를 낳았다.

　지금은 세상이 바뀌어 우리말로 된 번역서들도 많고 마음만 먹으면 좋은 어학교재를 접하기도 쉽다. 그러나 『강독을 위한 일본어 문법』이 가지고 있는 최고의 장점, 최단 기간내 전문서적을 읽게 만드는 비법 아닌 비법은 유효한 듯하다. 이 책을 통해 일본어 문법의 테두리를 파악하여 '일주일만에' 일본어로 된 서적을 읽는 감동을 맛보고 그 감동의 여운을 좀더 찬찬히 다른 교재를 활용하여 실력으로 만들었으면 한다.

　혼자서 할 수 있는 일본어 문법 공부, 상당한 인내와 끈기를 요하지만 한번 도전해볼 만한 일이다. 『강독을 위한 일본어 문법』과 함께……

일본어 첫걸음
강독을 위한 일본어 문법

제1부 기초편

제1과
글자와 발음연습

---

(1) 50음도

ひらがな   カタカナ

あ	い	う	え	お	ア	イ	ウ	エ	オ
か	き	く	け	こ	カ	キ	ク	ケ	コ
さ	し	す	せ	そ	サ	シ	ス	セ	ソ
た	ち	つ	て	と	タ	チ	ツ	テ	ト
な	に	ぬ	ね	の	ナ	ニ	ヌ	ネ	ノ
は	ひ	ふ	へ	ほ	ハ	ヒ	フ	ヘ	ホ
ま	み	む	め	も	マ	ミ	ム	メ	モ
や	(い)	ゆ	(え)	よ	ヤ	(イ)	ユ	(エ)	ヨ
ら	り	る	れ	ろ	ラ	リ	ル	レ	ロ
わ	(い)	う	(え)	を	ワ	(イ)	ウ	(エ)	ヲ
ん					ン				

(2) ひらがな의 글자 어원(字源)

あ(安)	い(以)	う(宇)	え(衣)	お(於)
か(加)	き(幾)	く(久)	け(計)	こ(己)
さ(左)	し(之)	す(寸)	せ(世)	そ(曾)
た(太)	ち(知)	つ(川)	て(天)	と(止)
な(奈)	に(仁)	ぬ(奴)	ね(称)	の(乃)
は(波)	ひ(比)	ふ(不)	へ(部)	ほ(保)
ま(末)	み(美)	む(武)	め(女)	も(毛)
や(也)		ゆ(由)		よ(与)
ら(良)	り(利)	る(留)	れ(礼)	ろ(呂)
わ(和)				を(遠)
ん(牙·毛)				

(3) 발음

(1)	(2)	(3)	(4)	(5)	(6)	(7)	(8)	(9)	(10)	
あ 아 a	か 카 ka	さ 사 sa	た 타 ta	な 나 na	は 하 ha	ま 마 ma	や 야 ya	ら 라 ra	わ 와 wa	ん -o ing(ŋ) -ㄴ n -ㅁ m (응)
い 이 i	き 키 ki	し 시 si	ち 치 chi	に 니 ni	ひ 히 hi	み 미 mi	(い) 이 i	り 리 ri	(ゐ) 이 i	
う 우 u	く 쿠 ku	す 스 su	つ 츠 tsu	ぬ 누 nu	ふ 후 hu	む 무 mu	ゆ 유 yu	る 루 ru	(う) 우 u	
え .에 e	け 케 ke	せ 세 se	て 테 te	ね 네 ne	へ 헤 he	め 메 me	(え) 에 e	れ 레 re	(ゑ) 에 e	
お 오 o	こ 코 ko	そ 소 so	と 토 to	の 노 no	ほ 호 ho	も 모 mo	よ 요 yo	ろ 로 ro	を 오 o	

(1)	(2)	(3)	(4)	(1)
が 가 ga	ざ 자 za	だ 다 da	ば 바 ba	ぱ 빠 pa
ぎ 기 gi	じ 지 zi(ji)	ぢ 지 zi	び 비 bi	ぴ 삐 pi
ぐ 구 gu	ず 즈 zu	づ 즈 zu	ぶ 부 bu	ぷ 뿌 pu
げ 게 ge	ぜ 제 ze	で 데 de	べ 배 be	ぺ 뻬 pe
ご 고 go	ぞ 조 zo	ど 도 do	ぼ 보 bo	ぽ 뽀 po

(1)	(2)	(3)	(4)	(5)	(6)	(7)	(1)	(2)	(3)	(4)	(5)
きゃ 캬 kya	しゃ 샤 sya	ちゃ 짜 cha	にゃ 냐 nya	ひゃ 햐 hya	みゃ 먀 mya	りゃ 랴 rya	ぎゃ 갸 gya	じゃ 쟈 ja	ぢゃ 쟈 ja	びゃ 뱌 bya	ぴゃ 뺘 pya
きゅ 큐 kyu	しゅ 슈 syu	ちゅ 쮸 chu	にゅ 뉴 nyu	ひゅ 휴 hyu	みゅ 뮤 myu	りゅ 류 ryu	ぎゅ 규 gyu	じゅ 쥬 ju	ぢゅ 쥬 ju	びゅ 뷰 byu	ぴゅ 쀼 pyu
きょ 쿄 kyo	しょ 쇼 syo	ちょ 쬬 cho	にょ 뇨 nyo	ひょ 효 hyo	みょ 묘 myo	りょ 료 ryo	ぎょ 교 gyo	じょ 죠 jo	ぢょ 죠 jo	びょ 뵤 byo	ぴょ 뾰 pyo

(4) 주의하여야 할 발음

　1) は : 조사로 쓰일 때는 「わ」로 읽는다.

　2) へ : 조사로 쓰일 때는 「え」로 읽는다.

　3) を : 발음이 「お」와 같다.

　4) う : 「オ」단(お、こ、そ、と、…) 아래에 이어질 때는 「お」가
　　　　되어 윗음의 장음을 표시한다.

　　예 そう : 「쏘오」라고 읽는다.

제2과
기본문형(1)

일본어의 어순은 우리말과 같기 때문에, 낱말에 따라 하나하나 그대로
우리말로 옮겨 놓으면 쉽게 해석된다.

> 예 これは本です。
> 이것은 책입니다.
>
> 私はあなたの先生です。
> 나는 당신의 선생입니다.

| 기본적인 어휘

(1) 지시대명사

近称	中称	遠称	不定称
これ (이것)	それ (그것)	あれ (저것)	どれ (어느 것)

(2) 인칭대명사

自称	対称	他称			
		近称	中称	遠称	不定称
わたくし わたし (나, 저)	あなた (당신)	このかた (이분)	そのかた (그분)	あのかた (저분)	どのかた (어느 분) だれ どなた (누구)

(3) 연체사

この 이	その 그	あの 저	どの 어느

예 この生徒(이 학생)　そのいす(그 의자)　あの先生(저 선생님)
　　どの学校(어느 학교)

(4) ～です(助動詞) :「～であります」의 준말.「～입니다」의 뜻. 부정
은　ではありません　또는　じゃありません으로
서,「～가 아닙니다」. ます의 부정은 ません.

(5) 조사정리

　～は : ～은(는). わ로 읽음.

　～か : 文의 맨 끝에 붙어 의문을 나타낸다.

　　　예 いすはどれですか。 (의자는 어느 것입니까?)

　～も : ～도

　　　예 それも机ですか。 (그것도 책상입니까?)

　～の : ～의.

　　　예 この学校の生徒(이 학교 학생)

　　～의 것.

　　　예 わたしのはこれです。 (내 것은 이것입니다.)

종합예문

私は学生です。

あなたはどなたですか。

これは何ですか。

これはあなたの本ですか。

あなたのですか。

犯人は彼ではありませんか。

あの人は日本人ではありません。

これは日本語の本です。それも日本語の本です。

英語の先生はあのかたですか。

田中さんはあなたの友だちですか。

あれもこれもいすです。

あなたのはどれですか。

そのほんはなんのほんですか。

このかばんはだれのですか。

この鉛筆はどなたのですか。

何 :「なに」 또는「なん」. 무엇, 어떤.

|기본적인 어휘|

(1) あります : 있습니다. 기본형은 「ある」. であります(입니다)와 잘
   구별하여야 한다.

   예 本があります。 (책이 있습니다.)

   　　cf. 本であります＝本です。 (책입니다.)

   　　本がありません。 (책이 없습니다.)

   　　cf. 本では(＝じゃ)ありません。 (책이 아닙니다.)

   あります(ある)는 사물의 경우에만 쓰고, 사람이나 동물의 경우에
   는 います(いる)를 쓴다.

(2) 지시대명사

장소에 관한 것	近稱	中稱	遠稱	不定稱
	ここ(여기)	そこ(거기)	あそこ(저기)	どこ(어디)

   예 ここにあります。 (여기에 있습니다.)

방향에 관한 것	近稱	中稱	遠稱	不定稱
	こちら 이쪽 이편	そちら 그쪽 그편	あちら 저쪽 저편	どちら 어느 쪽 어느 편
	こっち	そっち	あっち	どっち

(3) 일본어의 수사

① 一(ひと)つ、二(ふた)つ、三(みっ)つ、四(よっ)つ、五(いつ)つ、
六(むっ)つ、七(なな)つ、八(やっ)つ、九(ここの)つ、十(とお) 같이
쓰이는 방법과

② 一(ひち)、二(に)、三(さん)、四(し、よう)、五(ご)、六(ろく)、
七(しち、なな)、八(はち)、九(く、ぎゅう)、十(じゅう、と)、
百(ひゃく、もも)、千(せん、ち)、万(まん)와 같이 쓰이는 방법이
있다. 두 가지가 다 쓰인다.

(4) 조사 정리
　　～が : ① ～이, ～가.

　　　　　　　예 私(わたし)が先生です。(내가 선생입니다.)

　　　　　　② 「용언 및 조동사의 종지형＋が」의 형으로 우리말의
　　　　　　　　「～만(마는), ～지만, ～인데」

　　　　　　　예 小さいですが(작습니다만)

　　～に : ～에, ～에게, ～에게서
　　　　　　예 雑誌(ざっし)は机(つくえ)の上(うえ)にあります。(잡지는 책상 위에 있습니다.)
　　　　　　　人(ひと)には目(め)が二(ふた)つあります。(사람에게는 눈이 둘 있습니다.)

　　～と : ～와, ～과
　　　　　　예 あなたのとわたしのです。(당신과 내 것입니다.)

　　～や : ～이랑, ～나(이나), ～며(이며)
　　　　　　예 本やノートや鉛筆(えんぴつ)があります。
　　　　　　　(책이랑 노트랑 연필이 있습니다.)

종합 예문

そこに何がありますか。本があります。

ここには学生はひとりもいません。

私ですが、何かご用ですか。

机上には何もありません。

私が山本ですが…。

この部屋にはだれもいません。

親と子。

1ページに50単語がある。

きょうとあしたは休みです。

さくらの木があります。

机の上に本と帳面と鉛筆とがあります。

私はいまうちにいます。

鉛筆はありますが、万年筆はありません。

学生や工員やいろいろの階級がいる。

1. 사람을 세는 방법 : ひとり(한 사람), ふたり(두 사람), 三人(さんにん: 세 사람), 四人…….
2. いろいろ : 여러 가지.
3. さくらの木 : 벗나무. の는 동격을 나타냄.

잠깐 코너

장소를 나타내는 조사 で와 に에 대하여

♠ で의 용법

1. 행위의 장소
2. 개최지
3. 장소의 한정
4. 소극적인 선택

　예　母は学校で英語を教えています。＜행위의 장소＞
　　　(엄마는 학교에서 영어를 가르치고 있습니다.)
　　　88年のオリンピックはソウルで行われた。＜개최지＞
　　　(88년의 올림픽은 서울에서 열렸습니다.)
　　　ソウルでの仕事の成功を祈ります。＜장소의 한정＞
　　　(서울에서의 일의 성공을 바랍니다.)
　　　私は海でも山でもいいよ。＜소극적 선택＞
　　　(나는 바다든 산이든 좋아요.)

♣ に의 용법

1. 존재
2. 상태
3. 방향, 목적지
4. 적극적인 선택

　예　島に人々がいます。(섬에 사람들이 있습니다.)＜존재＞
　　　外には風が吹いています。＜상태＞
　　　(밖에는 바람이 불고 있습니다.)
　　　公園には花が咲いています。＜상태＞
　　　(공원에는 꽃이 피어 있습니다.)
　　　駅に向かって走りました。＜방향, 목적지＞
　　　(역을 향해 달렸습니다.)
　　　私は海にするよ。(나는 바다로 하겠어요.)＜적극적 선택＞

제2부 문법편

　용언(형용사, 동사, 형용동사, 조동사 등)의 활용형에는 다음의 6가지가 있다.

(1) 미연형(未然形) : 아직 발생하지(然) 않은(未) 상태를 나타낸다.

　　　　　　　　　　미래, 의도(意志), 추측(推量)의 뜻.

(2) 연용형(連用形) : 용언(用)에 연결되는(連) 형.

(3) 종지형(終止形) : 문장이 끝날(終止) 때.

(4) 연체형(連体形) : 체언(体)에 연결되는(連) 형.

(5) 가정형(仮定形) : 가정(仮定)할 때.

(6) 명령형(命令形) : 명령(命令)할 때.

이 6가지의 순서를 외워두면 편리하다.

제4과
형용사 활용

형용사의 원형은 「い」로 끝나는데(예: ながい、 おおきい、あかい、難(むずか)しい, 易(やさ)しい), 원형에서 끝의 「い」를 뺀 것을 어간 (語幹), 끝의 「い」를 어미(語尾)라고 한다. 형용사의 활용이란 어미가 활용하는 것이다.

예 あか(어간)+い(어미)

*형용사의 활용(아래의 표를 보면서 할 것)

어례 \ 어미 \ 어간	미연형	연용형	종지형	연체형	가정형	명령형
高 い たか 美しい うつくし	かろ	く かっ	い	い	けれ	○

(1) 미연형: い → かろ(+う: 추량, 의지의 조동사)

예 あかい → あか　　かろ　　　う(빨갛겠지: 추량)
어간　　미연형 어미　　조동사

この本は易しかろう。(이 책은 쉬울 것이다.)

(2) 연용형: い → かっ(+た: 과거형 조동사)

い → く(+た 이외의 용언)

[예] ない(없다)→ なかった(없었다)

痛(いた)い→ 痛かった(아팠다)

ない → なくて(없고, 없어서)

   *て: 동사, 형용사의 연용형에 연결. ～(이)고, ～

   (이)어서, ～(하)고의 뜻.

ない → なくなる(없어지다)

   *なる: 「되다」는 뜻의 동사.

あかい → あかくはありません。(빨갛지 않습니다.)

   *は는 강조의 뜻)＝あかくはない。

(3) 종지형 : 원형과 같다. 그냥 원형을 쓰기도 하고 です를 붙이기

   도 한다.

[예] 顔は美しいが、魅力がない。(얼굴은 고운데 매력이 없다.)

これはあおいです。(이것은 파랗습니다.)

あの鉛筆はながい。(저 연필은 길다.)

(4) 연체형 : 원형과 같다.

   [예] ない人(없는 사람)

   箱は大きいのがいい。(상자는 큰 것이 좋다.)

(5) 가정형 : い → けれ+ば(조사 : 가정의 뜻)

   [예] 難(むずか)しい(어렵다) → 難しければ(어려우면)

   黒(くろ)い(검다) → 黒ければ(검으면)

   ない(없다) → なければ(없으면)

* 형용사의 연용형(어간+く) → 부사

  예 近(ちか)い(가깝다) → 近く(가까이, 가깝게)
* 형용사 어간+さ → 「정도」를 나타내는 명사

  예 長さ(길이), 広さ(넓이), 寒さ(추위), 厚さ(두께), よさ(좋은정도)

    * 형용사 어간+がる → 「～하다」의 뜻을 가진 동사

  예 さむい(춥다) → さむがる(추워하다)

  かわいい(귀엽다) → かわいがる(귀여워하다)

  ほしい(원하다) → ほしがる(갖고자 하다)
* 형용사의 중지법(中止法) : 연용형으로 문장을 중지(中止)한다.

  예 庭は広く、池は深い。(뜰은 넓고, 못은 깊다.)

종합예문

赤いのや青いのや白いのなど。

花子は光子よりは大きい。

ぞうは鼻が長い。

新しいのがよいです。

京都市は海に遠いです。

雲が一つもない。

酒や煙草は体に悪いばかりでなく、精神にもよくない。

ここにあるものはどれもいい品ばかりです。

寒くはない。

甲は乙と等しい。

私の家は、駅に近いです。

この店の品は決して高くないです。

東京は人口が多い。

さくらの花はたいへん美しいです。

高い地位にある。

りんごは青森のがおいしい。

頭はよいが、体が弱い。

よかろうか。

この花はかおりがいい。

高いのがいいです。

駅の近くにデパートがある。

値段は安いが、品がよくない。

1. 赤いの：빨간 것. の는 '～것'의 뜻.

2. など：～등, ～따위.

3. より：～보다(비교급).

4. ばかり：～뿐, ～만.

5. 物(もの)：물건, ～것, (드물게) 사람. 事(こと)와 비교.

제5과
동사활용(1)-5단 활용동사

▌동사 기본형 : 어미(語尾)는 반드시 「~ウ단(즉, う・く・す・つ・ぬ・む・る・ぐ・ぶ)」이다.

　예 ある(있다)、みる(보다)、する(하다)、きく(듣다)、かく(쓰다)、あるく(걷다)、たべる(먹다)、かぐ(맡다)、はなす(말하다)、もつ (들다).

▌동사의 분류

(1) 5단 활용 동사 :

　①기본형의 어미가 「る」가 아닌 것, 즉 「う・く・す・つ・ぬ・む・ぐ・ぶ」로 끝나는 것.

　　예 かく、はなす、かぐ、もつ 등.

　②기본형의 어미가 「る」일 경우, 「る」 바로 앞에 있는 음이 「イ단(즉 い・き・し・ち・に…)」 및 「エ단(즉 え・け・せ・て・ね…)」이 아닌 것.

　　예 ある、わかる(알다)、とる(집다)、かぶる(쓰다) 등.

(2) 상1단 활용동사 : 기본형의 어미가 「る」로 끝나고 「る」 바로

앞의 음이 「イ단(즉 い·き·し·ち·に·ひ·み 등)」인 것.

   예 みる(보다)、できる(할 수 있다)、おりる(내리다) 등.

(3) 하1단 활용동사 : 기본형의 어미가 「る」로 끝나고 「る」바로
   앞의 음이 「エ단(즉, え·け·せ·て·ね·へ·め·れ 등)」인 것.

   예 たべる(먹다)、おしえる(가르치다)、あける(열다) 등.

(4) カ행 변격(変格) 활용동사 : くる뿐.

(5) サ행 변격(変格) 활용동사 : する 및 する로 끝나는 동사.

   예 愛(あい)する

▶예외 : 다음 동사들은 5단 활용 동사임.

はいる(들어가다, 들어오다)、要る(필요하다)、知る(알다)、走る
(달리다)、減る(줄다)、照る(쬐다)、蹴る(차다)、帰る(돌아가다,
돌아오다)、切る(자르다)、参る(참가하다).

┃5단 동사의 활용

종류	예	어미＼어간	미연형 ~ない ~う	연용형 ~ます ~た ~て	종지형	연체형 ~こと	가정형 ~ば	명령형
5 단	書く	か(書)	かこ	きい	く	く	け	け
	話す	はな(話)	さそ	し	す	す	せ	せ
	立つ	た(立)	たと	ちっ	つ	つ	て	て
	死ぬ	し(死)	なの	にん-(で)	ぬ	ぬ	ね	ね
	読む	よ(読)	まも	みん-(で)	む	む	め	め
	有る	あ(有)	らろ	りっ	る	る	れ	れ
	思う	おも(思)	わお	いっ	う	う	え	え
	泳ぐ	およ(泳)	がご	ぎい-(で)	ぐ	ぐ	げ	げ

(예외: う로 끝나는 동사의 미연형은 あ가 아니라 わ를 쓴다.)

(1) 미연형: ウ단 → ア단(＋ない: 부정의 조동사)

　　　　　　ウ단 → オ단(＋う: 추량, 의지의 조동사)

　예 はたらく(일하다) → はたらかない

　　 はなす(말하다) → はなさない

　　 よむ(읽다) → よまない

　　 使う(사용하다) → 使おう(사용하마, 사용하자)

　　 勝つ(이기다) → 勝とう(이기겠다, 이기자)

(2) 연용형: ウ단 → イ단(＋ます(정중의 조동사), た(과거의 조동사),

　　 て(~하고, ~해서, ~이어서) 등 용언이 연결된다).

　예 よむ(읽다) → よみ(ます)(읽습니다)

　　 ある(있다) → あり(ます)(있습니다)

かぐ(맡다) → かぎ(ます)(맡습니다)

はなす(말하다) → はなし(ます)(말합니다)

学校でならいます。(학교에서 배웁니다.) (ならう)

鉛筆で書きます。(연필로 씁니다.)

話す → 話した(말했다)、話して(말하고)

きょういきますか。(오늘 갑니까?) (いく)

(3) 종지형 : 원형과 같다(ウ단).

예 本が有る。(책이 있다.)

花がさく。(꽃이 핀다.)

(4) 연체형 : 원형과 같다.

예 書くこと。(쓰는 일)

土曜日はうちへ帰るのがはやいです。
(토요일은 집에 돌아가는 것이 빠릅니다.)

(5) 가정형 : ウ단 → エ단(+ば: 가정의 조사)

예 思う(생각하다) → 思えば(생각하면)

経つ(지나다) → 経てば(지나면)

嗅ぐ(맡다) → 嗅げば(맡으면)

雨が やめば いいが…。(비가 그치면 좋은데….) (止む)

(6) 명령형 : ウ단 → エ단

예 死ぬ → しね(죽어라)

思う → おもえ(생각해라)

* ない : ① 형용사로 「없다」의 뜻

② 조동사로서 부정을 나타낸다(동사 미연형에 연결).

예 よく知らない。(잘 알지 못한다.)

* 체언(体言)＋に＋なる : ～되다

예 大学生になります。(대학생이 됩니다.)

종합예문

日は西にはいります。

雪は降るが、寒くないです。

左に曲がる。

あなたが行けば、私も行きます。

日本語の本がいります。

草も木もめぶく。

水を酸素と水素にもどす。

[단어] を : ～을(를). 발음은 お

海もあれば山もある。

牛という動物は役に立つ。

[단어] 役立つ : 유용하다

大阪に行きます。

日本語はやさしいと思う。

雑誌や新聞を読む。

悪いといえば悪い、良いといえば良い。

いつならいますか。

悪い友だちとは遊ばない方がいいです。

品がければ買おう。

春になればさくらの花がさきます。

私も知りません。

あしたは雨が降ろう。

母に手紙を出す。

あの人は田中という人です。

読めばすぐ分かる。

これはまだだれも知らないことです。

父と母とが行く。

この小説は読めば読むほどおもしろいです。

昔とちがう。

言うのはやさしいです。

神に誓う。

むずかしいので、分からない。

花のさく春。

日本語は習えば習うほどおもしろい。

水も飲まない。

湯が水となる。

社長という地位。

風は吹くが、寒くはない。

冬になると、寒くなります。

早ければ早いほどいい。

花が散ると、実がなる。

春になれば、花がさく。

行くことに意義があります。

行くのがおそいです。

私には分かりません。

これは何という花ですか。

机の上に本がある。

帰るのはいつですか。

学校に行きます。

1. を : ~을(를). 발음은 お.
2. 役立つ : 유용하다.
3. 方(かた) : 방법, 사람, ~쪽(편).
4. まだ : 아직.
5. ほど : ~만큼, ~할수록(~れば~ほど : ~하면 ~할수록).
6. の : 주격의 뜻(~이, ~가)도 있다.

제6과
동사활용(2)-상/하 1단 활용동사

▌상1단 동사의 활용

종류	예	어미\어간	미연형 ～ない ～よう	연용형 ～ます ～た ～て	종지형	연체형 ～こと	가정형 ～ば	명령형
상 1 단	居る	(い)	い	い	いる	いる	いれ	いろ いよ
	着る	(き)	き	き	きる	きる	きれ	きろ きよ
	起きる	お	き	き	きる	きる	きれ	きろ きよ
	過ぎる	す	ぎ	ぎ	ぎる	ぎる	ぎれ	ぎろ ぎよ
	落ちる	お	ち	ち	ちる	ちる	ちれ	ちろ ちよ
	煮る	(に)	に	に	にる	にる	にれ	にろ によ
	下りる	お	り	り	りる	にる	りれ	りろ りよ
	感じる	かん	じ	じ	じる	じる	じれ	じろ じよ

(1) 미연형 : 「い」る → 「い」(＋ない、よう)(「い」는 イ단을 표시)

    (상1단 동사부터는 추량, 의지의 조동사가 よう가 된다.)

    예 みる(보다) → みない(보지 않는다)

        とじる(닫다) → とじない(닫지 않는다)

みる → みよう(보려고, 보겠지)

いる → いよう(있겠지)

(2) 연용형: 미연형과 같다. 「い」る → 「い」

    예) いる(있다) → い(ます)(있습니다)

            → いた(있었다)

            → いて(있고)

    みる(보다) → み(ます)(봅니다)

          みた(봤다)

          みて(보고)

(3) 종지형: 원형과 같다. 「い」る

    예) 彼は弟と暮らしている。(그는 동생과 살고 있다.)

(4) 연체형: 원형과 같다.

    예) あそこにいるのが私の子供です。
      (저기에 있는 사람이 나의 자식입니다.)

(5) 가정형: 「い」る → 「い」れ(+ば)
    예) 起きる(일어나다) → 起きれば(일어나면)

(6) 명령형: 「い」る → 「い」ろ
    예) おきる → おきろ(일어나라)

|하1단 동사의 활용 : 상1단 동사와 같다. 단「イ단」대신「エ단」이 쓰인다.

종류	예	어미 어간	미연형 ~ない ~よう	연용형 ~ます ~た ~て	종지형	연체형 ~こと	가정형 ~ば	명령형
하 1 단	得る	(え)	え	え	える	える	えれ	えろ えよ
	明ける	あ	け	け	ける	ける	けれ	けろ けよ
	見せる	み	せ	せ	せる	せる	せれ	せろ せよ
	捨てる	す	て	て	てる	てる	てれ	てろ てよ
	たずねる	たず	ね	ね	ねる	ねる	ねれ	ねろ ねよ
	求める	もと	め	め	める	める	めれ	めろ めよ
	消える	き	え	え	える	える	えれ	えろ えよ
	暮れる	く	れ	れ	れる	れる	れれ	れろ れよ
	教える	おし	え	え	える	える	えれ	えろ えよ

예 食(た)べる(먹다)

　　미연형 : 食べない
　　　　　　食べよう
　　연용형 : 食べます
　　　　　　食べて
　　종지형 : 食べる
　　가정형 : 食べれば
　　명령형 : 食べろ

寒ければ窓をしめよう(추우면 창문을 닫자.) (しめる)
自動車に荷物を乗せます。(차에 화물을 싣습니다.)(のせる)

故国を はなれる。(고국을 떠난다.) (はなれる)

外国人を相手に、日本語を教えるのはなかなかむずかしい。
(외국인을 상대로 일본어를 가르치는 것은 꽤 어렵다.)
(おしえる)

考えれば 考えるほど 分からない。
(생각하면 생각할수록 이해되지 않는다.) (考える)

▌어휘정리▐

(1) できる : 자동사(自動詞)로서 「가능하다」의 뜻인데, 「할 수 있다」,
「할 줄 안다」의 뜻.

예日本語ができます。(일본어가 가능합니다. 즉, 일본어를 할
수 있습니다.)

참고 희망, 가능, 좋고 싫음을 나타낼 때는 조사 「~が」를 쓴다.
~をできます(×) → ~ができます。
예 君が好きだ。/ 本が欲しい。水が飲みたい。

(2) 「ある」는 연체사로서 「어떤, 모(某)」의 뜻.
예 ある学生(がくせい)

(3) 「동사의 연용형＋て＋いる」: 「~하고 있다」, 「~해 있다」
예 おしえている。(가르치고 있다.)

(4) 「と」의 여러 가지 쓰임
① ~와, ~과(조사)
예 私は学校(がっこう)で日本語(にほんご)と英語(えいご)を習(なら)います。
(나는 학교에서 일본어와 영어를 배웁니다.)
② 동작·작용·상태의 내용을 나타낸다. 우리말의 조사 「~고(~

라고, ~이라고)」에 해당된다.

예 これはくつといいます。(이것은 구두라고 합니다.)

ここで絵を書くと言います。

(여기서 그림을 그리겠다고 합니다.)

③「동사의 종지형(기본형)＋と」의 형태로 우리말의 어미「~(으)

면, ~(인)즉」

예 英語で言うと、どうなりますか。

(영어로 말하면 어떻게 됩니까?)

この本を読むと、その問題が分かります。

(이 책을 읽으면 그 문제를 알 수 있습니다.)

(5) ~という＋체언(体言)：「~이라고 하는(~이라는)＋체언」

예 何という花(무엇이라는 꽃), 色というもの(색이라는 것)

私は木村という者です。(나는 기무라라는 사람입니다.)

(6) ~と思(おも)う：「~라고 생각한다」의 뜻으로「と」앞에는 기본

형이 온다.

예 ひろいと思います。(넓다고 생각합니다.)

よむと思います。(읽는다고 생각합니다.)

(7) 조사 정리

~で：① ~(으)로

예 万年筆で書きます。(만년필로 씁니다.)

日本語で話します。(일본어로 말합니다.)

病気で学校を休みます。(병으로 학교를 쉽니다.)

② ~에서

예 私のへやの中で見ます。(내 방 안에서 봅니다.)

~を : ~을(를)

예 テレビを見ます。(텔레비전을 봅니다.)

~へ : ~로. 발음은 え.

~から : ① 「~에서, ~부터, ~로부터, ~에서부터」

예 きょうから日本語を勉強します。
(오늘부터 일본어를 공부합니다.)

② 「~니까(이니까), ~므로(이므로), ~(이)기 때문에」

예 ひろいから(넓으니까)

くらいですから(어두우니까, 어둡기 때문에)

~まで : ~까지

예 学校からうちまで。(학교에서 집까지.)

どこまでいきますか。(어디까지 갑니까?)

종합예문

お金がなければ何もできない。

12時と1時の間に食べる。

田中さんはいつも若さにあふれています。

人口が5万にふえる。

つゆ時になろと、かびが生える。

6ヵ月を過ぎる。

この川は雨が降ると、いつも水があふれる。

3時に着きます。

屋上に上がれば、富士山がよく見えます。

日が出る。

1日に500円という金では、とても生活できない。

私は毎朝6時に起きます。

私たちは1日に3度ご飯を食べます。

冬がすぎれば、春がくる。

あの人は骨と皮ばかりにやせている。

6に5をかければ、30である。

私は毎朝8時に家を出て、学校へ行きます。

早く起きて、早く寝ます。

門の前に自動車がとめてあります。

この薬がきく。

日本では、人は道の右側を歩き、自動車は道の左側を走ります。

あしたは雨が降ればどこへも出かけません。

勉強はよくできるが、体が弱い。

父にはまだそのことを話していません。

> 📖 복수형에 대해서
> 1) たち 예 私たち.
> 2) ら 예 これら(이것들).
> 3) がた(존칭) 예 あなたがた.

동사활용(3)-변격 활용동사

종류	예	어간 \ 어미	미연형 ～ない ～よう	연용형 ～ます ～た ～て	종지형	연체형 ～こと	가정형 ～ば	명령형
カ행 변격	来	く	こ	き	くる	くる	くれ	こい
サ행 변격	する	す	し せ さ	し	する	する	すれ	し ろ せ よ
	察する	さっ	せ し	し	する	する	すれ	し ろ せ よ
	愛する	あい	せ し	し	する	する	すれ	し ろ せ よ
	感ずる	かん	ぜ じ	じ	ずる	ずる	ずれ	じ ろ ぜ よ

▌カ행 변격 동사: 来(く)る

(1) 미연형 : くる → こ(＋ない、よう)

　　　예 くる(오다) → こない(오지 않는다)

　　　　　　　　　　　→ こよう(오려고)

(2) 연용형 : くる → き

　　　예 父から手紙が来た。(아버지로부터 편지가 왔다.)

　　　きます(옵니다)　きて(오고)

(3) 종지형 : くる

　　예 あとから来る。(나중에 온다.)

(4) 연체형 : くる

　　예 くるとき(来る時)(올 때)

(5) 가정형 : くる → くれ(＋ば)

　　예 彼がくれば駅に行こうとします。
　　　　(그가 오면 역에 가려고 합니다.)

(6) 명령형 : くる → こい

　　예 早くこい。(빨리 와라)

∎サ행 변격 동사

(1) 미연형 : する → し(＋ない、よう)

　　예 する(하다) → しない(하지 않는다)
　　　　　　　　　 → しよう(하려고)

(2) 연용형 : する → し

　　예 する(하다) → し(ます)(합니다)

(3) 종지형 : する

(4) 연체형 : する

例 する時(할 때)

(5) 가정형: する → すれ(+ば)

　　例 運動をすれば健康になります。(운동을 하면 건강해집니다.)

(6) 명령형: する → しろ

지시대명사

こう 이렇게	そう 그렇게	ああ 저렇게	どう 어떻게

종합예문

山田さんは、今年の3月大学を卒業して、今、銀行に勤めている。

午前に出発します。

先生に報告する。

来月国会は解散するという。

あと1時間もすれば終わる。

私は毎日、公園を散歩します。

食事は何にしますか。

留学生は、アジアやヨーロッパばかりでなく、アフリカからも来ています。

来年大学にはいることを目標として、勉強をしている。

オリンピックは、勝つことではなく、参加することに意義がありま

す。

1秒間に5回の割合で回転する。

あまりあせると、失敗する。

友だちとけんかをしてはいけません。

読書するのが一番楽しい。

家族の者と相談してみます。

1. 割合：비율.

2. あまり：긍정문에서는「꽤」, 부정문에서는「그다지」의 뜻.

제8과
음편형, 가능동사

| 동사의 음편형(音便形) : 5단 동사. 연용형은 て、た、たり 등에 연결될 때는 형태가 조금 바뀌게 된다(す로 끝나는 동사는 해당 없음).

(1) ~う → ~い

　~つ → ~ち　　~っ + て、た、たり

　~る → ~り

　　例 言う(말하다) → 言います → 言って、言った、言ったり

　　　持つ(들다) → 持ちます → 持って、持った、持ったり

　　　ある(있다) → あります → あって、あった、あったり

(2) ~く → ~き → ~い + て、た、たり

　~ぐ → ~ぎ → ~い(で) : て、た、たり가 탁음으로 바뀜

　　　　　　　　　　　　　　(で、だ、だり).

　　例 書く(쓰다) → 書きます → 書いて、書いた、書いたり

　　　泳ぐ(헤엄치다) → 泳ぎます → 泳いで、泳いだ、泳いだり

(3) ～む → ～み

～ぶ → ～び   ～ん(で) ＋ で、だ、だり(**탁음으로 됨**)

～ぬ → ～に

例 読む(읽다) → 読みます → 読んで、読んだ、読んだり

飛ぶ(날다) → 飛びます → 飛んで、飛んだ、飛んだり

死ぬ(죽다) → 死にます → 死んで、死んだ、死んだり

(4) 예외 : 行く(가다) → 行きます → 行って、行った、行ったり

이것을 정리하여 표로 만들면

원형	연용형	음편형	탁음
う、つ、る	い、ち、り	っ	
く	き	い	
ぐ	ぎ		で
む、ぶ、ぬ	み、び、に	ん	で

▌가능동사

(1) 5단 동사의 어미(ウ단) → エ단 ＋ る : 「～할 수 있다」는 뜻의 동사가 된다.

(하1단으로 활용)

例 会う(만나다) → 会える(만날 수 있다)

書く(쓰다) → 書ける(쓸 수 있다)

話す(말하다) → 話せる(말할 수 있다)

持つ(들다) → 持てる(들 수 있다)

조사 「を」를 취하는 동사가 가능동사가 되면 조사는 「を」가 아니고

「が」를 취하게 된다.

> 예 本を読む。(책을 읽는다.) → 本が読める。(책을 읽을 수 있다.)
> 洋服を洗う。(양복을 빨다.) → 洋服が洗える。(양복을 빨 수 있다.)

5단 동사는 대부분이 가능 동사로 되지만, 咲く(피다), 要る(필요하다), ある(있다), 分る(알다) 등과 같은 예외가 있다.

(2) 동사 연용형 + 得(え, う)る : 「~할 수 있다」는 뜻.

> 예 ありえない。(있을 수[리가] 없다.)
> ひとりでは成しえない。(혼자서는 할 수 없다.)
> ~する → ~せざるをえない(~하지 않을 수 없다.)
> • うる는 흔히 종지형, 연체형에 쓰인다.
> 知りうる限りの情報(알 수 있는 한의 정보)
> ありうること(있을 수 있는 일)

(3) 동사의 연체형 + ことができる : 「~할 수 있다」는 표현.

> 예 本が読める = 本を読むことができる

* 동사의 연용형 → 명사

> 예 休みの日(휴일, 쉬는 날)　悪い遊び(나쁜 놀이)
> 話の時(이야기할 때)

* 동사의 연용형 : 중지법으로 쓰인다

> 예 兄はオルガンを弾き、第は歌う。
> (형은 오르간을 치고, 아우는 노래한다.)

* ます의 과거는 ました이고, ません의 과거는 ませんでした이다.

(비교) です의 과거 : でした

▌조사 정리▌

~の : ① ~것

例 あそこにあるのが私の洋服です。
(저기 있는 것이 내 양복입니다.)

早く起きるのは体にいいです。
(일찍 일어나는 것이 몸에 좋습니다.)

② 「~이(가)」, 이 때의 용언은 연체형이 되어 체언에 연결된다.

例 私が知っている。(내가 알고 있다.)

私の知っている日本語。(내가 알고 있는 일본어.)

山がきれいだ。(산이 아름답다.)

山のきれいな韓国。(산이 아름다운 한국.)

③ 동격(同格)

例 友達の金先生(친구인 김 선생)

~たり : 「~하기도 하고」, 「~하거나」, 「~한다든가」. 조사에 연결될 때에는 연용형에 연결되고 5단활용동사의 경우에는 연용형의 음편형에 연결된다.

例 する → したり　くる → きたり

やすむ → やすんだり　おもう → おもったり

きく → きいたり

行ったり来たりする。(왔다갔다 한다.)

寝たり起きたりする。(누웠다 일어났다 한다.)

見たり聞いたりする。(보기도 하고 듣기도 한다.)

• ～たり ～たりする:「～하기도 하고 ～하기도 한다」

～に:「行く」, 「来る」의 목적을 나타낸다. 우리말의 「～하러」가 된

다. 동사의 연용형 및 동작의 뜻을 가진 명사에 연결.

　　例 図書館へ本を読みに行きます。(도서관에 책을 읽으러 갑니다.)
　　　 散歩に行きます。(산보하러 갑니다.)

～ので:「～므로(이므로)」, 「～하기 때문에」

　　例 雨が降るので(비가 오기 때문에)

　　　 きのう着いたので(어제 도착했기 때문에)

　　　 風が強いので(바람이 강하므로)

～ながら: 동사의 연용형 + ながら.「～하면서」

　　例 はいって来ながら言いました。(들어오면서 말했습니다.)

　　　 新聞を読みながら御飯を食べる。

　　　 (신문을 읽으면서 밥을 먹는다.)

～ばかり: ① 「～만」, 「～뿐」

　　　　　 例 学校では日本語ばかり習っています。

　　　　② 「쯤, 가량」

　　　　　 例 5キロばかりはなれた町(まち)。

　　　　　　 (5Km가량 떨어진읍.)

　　　　③ 동사의 연용형 + たばかり:「～한 지 얼마 되지 않

　　　　　 는다, 막 ～했다」

例 去年生まれたばかりです。
(바로 작년에 태어났을 뿐입니다.)

종합예문

日本では自動車は道の左側を走るが、私の国では右側を走ることに
　なっている。

大雨で川の水があふれ、家の中にまで流れこんできた。

ハイキングに行こうと思ったが、天気が悪いのでやめた。

きのう田舎から帰って来た。

雨が降っても出かけます。

春になると、渡り鳥が南から北へ飛んでいく。

その問題は、あなたには分かっても、私には分からないです。

薬をのんだり、注射をしたりしたが、かぜは少しもよくならない。

花という花は全部さいている。

毎日30度をこえる暑い日が続いている。

私も食べたが、うまかった。

午前にすませようとします。

雨が降ったから来なかった。

運転手の不注意から事故になった。

試験が 近づいたからあそんではいけない。

　　田舎：시골.

제9과
형용동사

| **형용동사**: 형용사와 마찬가지로 사물의 성질·상태 등을 나타내며, 단독으로 술어(述語)가 되고 어미변화(語尾変化)를 한다. 기본형의 어미가 반드시 「だ」.

> 예 丈夫(じょうぶ)だ(튼튼하다), 元気(げんき)だ(건강하다, 씩씩하다), きれいだ(깨끗하다, 上手(じょうず)だ(능숙하다, 잘하다), 下手(へた)だ(서투르다, 잘 못한다), 適当(てきとう)だ(적당하다), 同(おな)じだ(같다)

| 형용동사의 활용

종류	예	어미 어간	미연형 ~う	연용형 ~た ~ある ~なる	종지형	연체형 ~こと	가정형 ~ば	명령형
ダ형 활용	静(しず)かだ 丁寧(ていねい)だ	しずか ていねい	こ	だっ で に	だ	な	なら	○

(1) 미연형 : だ → だろ(+う)

> 예 丈夫だろう(튼튼할 것이다.)

(2) 연용형 : ① だ → だっ (+た : 과거)

예 好きだ(좋아한다.) → 好きだった(좋아했다.)
上手だ(능숙하다.) → 上手だった(능숙했다.)

② だ → に (+なる): 「~하게 된다, ~해진다.」

예 下手になります。(서툴게 됩니다.)

③ だ → で (+ある): 「~이다.」

(である → であります → です)

예 丈夫で(튼튼하고, 튼튼해서)
丈夫です(튼튼합니다.)

(3) 종지형: 원형과 같다

예 丈夫だ(튼튼하다.)

(4) 연체형: だ → な

예 丈夫な子供(튼튼한 어린이)

(5) 가정형: だ → なら (+ば)

예 丈夫ならば(튼튼하면)

*형용동사의 가정형에는 ば를 생략할 수 있다.

예 丈夫ならば = 丈夫なら

특수한 형용동사: 同(おな)じだ(같다), こんなだ(이러하다), そんなだ(그러하다), あんなだ(저러하다), どんなだ(어떠하다) 등은 어간을 바로 연체형으로 쓴다.

예 おなじ人(같은 사람), こんなもの

단, のに, ので에 연결될 때는 다른 형용동사와 같이 연체형이 어간+な가 된다.

예 同じなのに(같은데), こんななので(이렇기 때문에), どんななので(어떻기 때문에)

* 형용동사의 중지법 : 연용형(で)을 쓴다.

예 あなたは先生で、わたしは生徒です。
(당신은 선생님이고, 나는 학생입니다.)

* 형용동사 어간+に → 연용형 → 부사(동사 수식)

예 日本語を上手に話します。(일본어를 능숙하게 말합니다.)

* 형용동사 어간+さ → 명사

예 丈夫さ(튼튼함, 튼튼한 정도), 不便さ(불편함, 불편한 정도)

* 연체사 : 大きな(큰), 小さな(작은)

형용사에서 변화한 것으로 명사 앞에 쓰여 명사를 수식하는 역할만을 하기 때문에 연체사(連体詞)이다. 어느 형용사나 다 이렇게 변화하지는 않고 이런 것은 아주 드물다.

예 大きな音(큰 소리), 大きなかばん(큰 가방)
小さなさら(작은 접시), 小さな体(작은 몸집)

* 연용형의 용법의 하나인 중지법(中止法)에 대하여

예 花が咲き、鳥が歌います。(꽃이 피고 새가 노래 부릅니다.)
山は高く、川は清い。(산은 높고 강은 맑다.)
体は丈夫で、いつも元気です。(몸은 튼튼하고, 늘 건강합니다.)
店に入り、本を買いました。
(상점에 들어가서 책을 샀습니다.)

위 예문의 「咲き」, 「高く」, 「丈夫で」, 「入り」 등은 모두 용언이 연용형으로서 일단 문구를 중지했다가 다음 문구에 이어주는 역할을 하고 있다. 이러한 용법을 중지법(中止法)이라고 하는데, 중지법은 ① 동시에 일어나는 사항 또는 동시에 존재하는 상태를 나열해서 나타낼 경우, ② 시간적인 진행의 순서에 따라서 사항을 말하는 경우 등에 사용된다. 중지법은 ①의 경우가 많다.

현대어에서는 「店に入って、本を買いました」처럼 조사 「て」를 사용하는 것이 보통이지만, 한정된 지면에 사건·사항 등을 기재해 나갈 경우 등에는 중지법의 용법을 많이 사용한다.

예 北の州が勝ち、南の州が負けました。

北の州が勝って、南の州が負けました。
(북주가 이기고 남주가 졌습니다.)

종합예문

運動するのが好きだ。

この花はきれいだが、なんという名前だろう。

見かけは立波だが、品質はよくない。

飲んでみたが、予想どおりの味だった。

口も達者だったが、することも達者だった。

正直なのが一番だ。

お庭のさくらの花がきれいです。

目がきれいだ。

　　　1. 立派だ：훌륭하다.
　　　2. 通(とおり)：～대로.

제10과
조동사(1)-형용사형 활용

1. ない

(1) 의미 : 부정(否定)

(2) 접속 : 동사 미연형에(サ변 동사 : しに)

    とる(집다) → とらない(집지 않는다)

    おきる(일어나다) → おきない(일어나지 않는다)

    食べる(먹다) → 食べない(먹지 않는다)

    くる(오다) → こない(오지 않는다)

    する(하다) → しない(하지 않는다)

(3) 활용 : (어미가 い이므로) 형용사처럼 활용

いく → 行か	ない	(종지형)	가지 않는다
	なかろう	(미연형)	가지 않을 것이다
	なかった	(연용형①)	가지 않았었다
	なかったら		가지 않으면
	なくなる	(연용형②)	가지 않게 되다
	なくて		가지 않아서
	なくては		가지 않아서는
	なくても		가지 않아도

ない人	가지 않는 사람
ないで	가지 않고(가지 말고)
なければ	가지 않으면

예 言葉には人格の裏付けがなければならない。

学校を休んでばかりいると、だんだん講義が分からなくなりま
す。

戸があかなければ、中にはいれない。

2. たい

(1) 의미 : 희망(~하고 싶다)

(2) 접속 : 연용형에

(3) 활용 : 형용사형 활용

みる → 見 ます	봅니다
たい　　(종지형)	보고 싶다
たい　　(연체형)	보고 싶은 사람
たかろう(미연형)	보고 싶을 것이다
たかろうが	보고 싶겠지만
たかった(연용형①)	보고 싶었었다
たくない(연용형②)	보고 싶지 않다
たくありません	보고 싶지 않습니다
たくなる	보고 싶어진다
たくて	보고 싶어서
たくても	보고 싶어도
たければ	보고 싶으면

예 冷たい水が飲みたい。

なにも食べたくない。

一日も早くあなたに会いたかった。

休みたければ休みなさい。

1. ~に会(あ)う : ~를 만나다.
2. 연용형+なさい : ~하십시오.

3. らしい

(1) 의미 : 추측(~인 것 같다)

(2) 접속 : ① 체언 ② 형용동사의 어간 ③ 동사, 형용사의 종지형

(3) 활용 : 형용사형 활용

外国人	らしい	외국인 같다
	らしく	외국인 같이
	らしくない	외국인 같지 않다
	らしかった	외국인 같았다
	らしければ	외국인 같으면

うれしい	らしい	기쁜 것 같다
	らしく	기쁜 듯이(기쁜 것 같이)
	らしくない	기쁜 것 같지 않다
	らしかった	기쁜 것 같았다
	らしければ	기쁜 것 같으면

行く	らしい	가는 것 같다
	らしく	가는 것 같이(갈 것 같이)

らしくない 갈 것 같지 않다

らしかった 갈 것 같았다

らしければ 갈 것 같으면

예 きょう来ないらしい。 (오늘은 오지 않는 모양이다.)

あれは海らしいです。 (저것은 바다인 것 같습니다.)

体は丈夫らしいです。 (몸은 튼튼한 것 같습니다.)

汽車が遅くなるらしいです。 (기차가 늦어질 것 같습니다.)

そうらしい。 (그런 것 같다.)

電車の中で田中さんらしい人を見かけました。

山に咲いていたのは野ばらの花らしかった。

においで分かったのだが、つつみの中味は食べ物らしかった。

* ～らしい(접미어) : 명사에 붙여 형용사를 만든다. 우리말의 「～답다」에 해당된다.

예 男らしい人。 (남자다운 사람.)

子供は子供らしくしなさい。 (어린이는 어린이답게 해요.)

このごろのあなたは、あなたらしくありません。
(요사이 당신은 당신답지 않습니다.)

* 「동사의 미연형＋なくて」의 표현은 원인·이유를 나타내는 경우에, 또는 「동사＋なくて」 다음에 조사 「の、は、ばかり、まで」 등이 연결될 경우에 사용한다. 우리말의 「～하지 않고, ～하지말고」의 경우에는 항상 「동사＋ないで」의 형을 쓰도록 하면 될 것이다.

예 仕事がはやく終らなくて困っています。
(일이 빨리 끝나지 않아서 곤란합니다.)

洗わなくてはいけません。(씻지 않으면 안됩니다.)

* 「동사의 미연형＋ないで」의 형으로 「동사의 미연형＋ずに」의 형
과 뜻이 같다. 즉, 「～하지 말고, 하지 않고」의 뜻이 된다.

예 名前を忘れないでお書きなさい。(이름을 잊지 말고 쓰십시오.)

仕事をしないで食べることができますか。
(일을 하지 않고 먹을 수가 있습니까?)

제11과
조동사(2)-동사형 활용

어	주된 의미	미연형	연용형	종지형	연체형	가정형	명령형	활용형	접속
れる	受身	れ	れ	れる	れる	れれ	れろ れよ	하1형	5단·サ변의 미연형에
	可能 尊敬 自発	れ	れ	れる	れる	れれ		하1형	
られる	受身	られ	られ	られる	られる	られれ	られろ られよ	하1형	5단·サ단 이외 미연형에
	可能 尊敬 自発	られ	られ	られる	られる	られれ		하1형	
せる	使役	せ	せ	せる	せる	せれ	せろ せよ	하1형	5단·サ단의 미연형에
させる	使役	させ	させ	させる	させる	させれ	させろ させよ	하1형	5단·サ단 이외 미연형에
しめる	使役	しめ	しめ	しめる	しめる	しめれ	しめよ	하1형	미연형에
たがる	希望	たがら たがろ	たがり たがっ	たがる	たがる	たがれ		5단형	연용형에

1. 「れる」와 「られる」

(1) 의미 : 수동(~되다, 당하다), 가능(~할 수 있다), 존경(~하신다),
　　　　 자발(~하여진다. ~되다)

(2) 접속 : ① 5단 동사, サ변 동사는 「미연형+れる」

　　　　　　(サ변 동사 미연형은 さ)

② 상/하1단, カ변 동사는 「미연형＋られる」

예 書く(쓰다) → 書かれる(씌어지다)

する(하다) → される(되다, 당하다 등의 여러 가지 뜻)

見る(보다) → 見られる(보게 되다)

ほめる(칭찬하다) → ほめられる(칭찬받다)

くる(오다) → こられる(오게 되다)

(3) 활용 : (~れる로 끝났으므로) 하1단 동사형 활용

かく → 書か　ない

書か　れる　　　　　씌어지다

れている　　　　씌어져 있다

れます　　　　　씌어집니다

質問　する　　　　　질문하다

される　　　　질문받다

されない　　　질문받지 않는다

されました　　질문받았습니다

される時は　　질문받을 때는

されれば　　　질문받으면

されよ(ろ)　　질문받아라

むくい　る　　　　　　　　보답하다

られる　(종지형)　보답을 받다

られない(미연형)　보답을 받지 않는다

られます(연용형)　보답을 받습니다

られる時(연체형)　보답을 받을 때
られれば(가정형)　보답을 받으면
られろ　(명령형)　보답을 받아라

教え　　　る　　　　　　가르치다
　　　られる　(종지형)　가르침을 받다
　　　られない(미연형)　가르침을 받지 않는다
　　　られます(연용형)　가르침을 받습니다
　　　られる時(연체형)　가르침을 받을 때
　　　られれば(가정형)　가르침을 받으면
　　　られろ　(명령형)　가르침을 받아라

く　　　　る　　　　　　오다
こ　　　　ない　　　　　오지 않는다
こ　　　られる　(종지형)　와지다
　　　られない(미연형)　와지지 않는다
　　　られます(연용형)　와집니다
　　　られる時(연체형)　와질 때
　　　られれば(가정형)　와지면
　　　られろ　(명령형)

예 この絵はあのかたが書かれました。
(이 그림은 저 분이 그리셨습니다.)

あの先生はとうとう学校をやめられました。
(그 선생님은 결국 학교를 그만두셨습니다.)
夜遅く寝ると、朝早く起きられません。

(밤에 늦게 자면 아침에 일찍 일어날 수 없습니다.)

この子は、父に死なれて、学校へも行けなくなりました。

(이 애는 부친이 돌아가셔서 학교에도 갈 수 없게 되었습니다.)

きょうは都合が悪くて、行かれません。

(오늘은 형편이 나빠서 갈 수 없습니다.)

私は時々先生にしかられます。

(나는 때때로 선생님에게 꾸중듣습니다.)

子供のころが思い出されます。(어렸을 때가 생각납니다.)

あなたからの手紙が何よりも待たれます。

(당신으로부터의 편지가 무엇보다도 기다려집니다.)

昨晩は、友達に遊びに来られて、勉強できませんでした。

非難されればむしろありがたい。

おかしなことを言ったので、私はみんなに笑われました。

2. 「せる」와 「させる」

(1) 의미 : 사역(~하게 하다)

(2) 접속 : ① 5단, 사변 동사 : 미연형 + せる(サ변은 さ)

      ② 기타 동사 : 미연형 + させる

例 聞く(듣다) → 聞かせる(듣게 하다, 들려 주다)

する(하다) → させる(하게 하다, 시키다)

見る(보다) → 見させる(보게 하다)

食べる(먹다) → 食べされる(먹게 하다, 먹이다)

来る(오다) → 来させる(오게 하다)

(3) 활용 : 하1단 동사형 활용

読む

読ま   せる   (종지형)   읽게 하다(읽히다)

	せない	(미연형)	읽게 하지 않는다
	せます	(연용형)	읽게 합니다
	せる時	(연체형)	읽게 할 때
	せれば	(가정형)	읽게 하면(읽히면)
	せろ	(명령형)	읽게 하여라(읽혀라)

する　　　하다
さ	せる	(종지형)	하게 하다(시키다)
	せない	(미연형)	하게 하지(시키지) 않는다
	せます	(연용형)	하게 합니다(시킨다)
	せる時	(연체형)	하게 할 때(시킬 때)
	せれば	(가정형)	하게 하면(시키면)
	せろ	(명령형)	하게 해라(시켜라)

起きる
起き	させる	(종지형)	일어나게 하다
	させない	(미연형)	일어나게 하지 않는다
	させます	(연용형)	일어나게 합니다
	させる時	(연체형)	일어나게 할 때
	させれば	(가정형)	일어나게 하면
	させろ	(명령형)	일어나게 하여라

くる　오다
こ	ない		오지 않는다

こ	させる　　(종지형)	오게 하다
	させない (미연형)	오게 하지 않는다
	させます (연용형)	오게 합니다
	させる時 (연체형)	오게 할 때
	させれば (가정형)	오게 하면
	させよ　　(명령형)	오게 하여라
	させろ　　(명령형)	

예 家の中に居る人にドアを開けさせましょう。
(집 안에 있는 사람에게 문을 열게 합시다.)

勉強を続けさせることはできません。
(공부를 계속시킬 수는 없습니다.)

先生は学生に本を読ませたり、字を書かせたりします。
(선생님은 학생에게 책을 읽히기도, 글씨를 쓰게도 합니다.)

あの人はいつも人を待たせる人です。
(저 사람은 언제나 사람을 기다리게 하는 사람입니다.)

若い人に研究させなければならないと思います。

若い人に荷物を持たせる。

日本語学校では学生に英語を使わせない。

先生は自分で分かるまで学生に考えさせます。

先生は私にすこしも答えさせない。

子供に動物を育てさせる。

3. しめる

(1) 의미 : 사역

(2) 접속 : ① 동사 미연형에

② 조동사 「~たる」, 「~なる」, 「~ざる」의 미연형에

(3) 활용 : 하1단 동사형 활용

言う → 言わ　しめる　(종지형) 말하게 하다

しめない(미연형)　말하게 하지 않는다

しめます(연용형)　말하게 합니다

しめる時(연체형)　말하게 할 때

しめれば(가정형)　말하게 하면

しめよ　(명령형)　말하게 하여라

예 事業を成功せしめたのは、彼の努力であった。

4. たがる(たい＋がる)

(1) 의미 : 희망(~하고 싶어하다 : 제3자의 희망을 나타낼 때)

(2) 접속 : 동사 연용형에

(3) 활용 : (~がる) 5단 동사형 활용

いく → き ます　갑니다

たい　가고 싶다

たがる　(종지형)가고 싶어 한다

たがらない (미연①)가고 싶어 하지 않는다

たがろう　(미연형②)가고 싶을 것이다

たがります (연용형)가고 싶어 합니다

たがる人　(연체형)가고 싶어 하는 사람

たがれば　(가정형)가고 싶어 하면

예 すぐ真似をしたがる。

映画はあまり見たがりませんが、小説を読みたがります。

彼はだれにも会いたがらない。

* 「待たせられる」: 「상대방이 나를 기다리게 해서 나는 그것을 당한다」, 즉 남의 기다림을 당한다는 뜻으로 '사역'에 '수동'이 겹친 표현으로서 본의가 아닌 또는 귀찮은 일을 당하다라고 하는 경우에 사용한다.

예 人に待たせられるのはきらいです。
(남을 기다려야 하는 것은 싫습니다.)

むずかしいことを答えさせられました。
(어려운 것을 대답하지 않으면 안되었습니다.)

제12과
조동사(3)-형용동사형 활용

단어	주된 의미	미연형	연용형	종지형	연체형	가정형	명령형	활용형	접속
だ	단정 (지정)	だろ	だっ で	だ	な	なら		형용 동사 형	체언·조사 「の」에 (「だろウ」「ならバ」는 연체형에도
ようだ	比況 (비유) 추량	ようだろ	ようだっ ようで ように	ようだ	ような	ようなら		형용 동사 형	연체형과 조사「の」및 연체사 「この·あの·その·どの」에

1. だ

(1) 의미 : 단정(~이다)

(2) 접속 : ① 체언에 ② 조사 の에

(3) 활용 : (~だ) 형용동사형 활용

    ① 미연형 : だろ (+う) (이겠지)

      예 あしたは雨だろう。 たぶん学生だろう。

    ② 연용형 : だっ (+た) (과거)

      예 きのうは何日だったか。

　　　　　　で (이고)

　　　　　　で (＋ある) (이다)

　　　　　囫 これは本で、あれは紙だ。

　　③ 종지형 : だ (이다)

　　　　　囫 これは本だ。

　　④ 연체형 : な(の、のに、ので에 연결될 경우에만 쓰임.)

　　　　　囫 それは事実なのだ。

　　　　　　先生はいま病気なので。

　　⑤ 가정형 : なら (＋ば) (이라면) (ば를 안 쓸 수도 있다.)

　　　　　囫 寒いなら、行かない。

　　　　　　自動車なら、4~5分です。

2. ようだ

1) 의미 : 비유(~와 같다), 불확실한 단정, 내용 지시, 에서(~인 듯

　　하다, ~인가보다)

2) 접속 : ① 연체형 ② 조사 ③ 연체사(この, その…)

3) 활용 : 형용동사형

　　　花の　　ようだ　　　꽃인가 보다(꽃과 같다)

　　　　　　ようだろう　꽃과 같을 것이다

　　　　　　ようだった　꽃과 같았었다

　　　　　　ようで　　　꽃과 같아서

　　　　　　ように　　　꽃처럼(꽃과 같이)

　　　　　　ような　　　꽃과 같은

　　ようなら　　꽃과 같으면

寒い　　ようだ　　추운 것 같다(추운가 보다)

　　　ようだった　추운 것 같았다

　　　ようで　　추운 것 같아서

　　　ように　　추운 듯이

　　　ような　　추운 듯한

まじめな ようだ　　진실한 것 같다(진실한가 보다)

　　　ようだった　진실한 것 같았다

　　　ようで　　진실한 것 같아서

　　　ように　　진실한 것 같이(진실한 듯이)

　　　ような　　진실한 듯한(진실한 것 같은)

　　　ようなら　　진실한 것 같으면

例 私はかぜを引いたようです。(나는 감기가 든 것 같습니다.)

あの会社で働くようです。(저 회사에서 일하는 모양입니다.)

少し寒いようです。(좀 추운 모양입니다.)

あの人は日本人のように上手に日本語を話します。

きょうは寒くて、まるで冬のようだ。

音楽が流れるように聞えてきました。

あの人は泣いたような顔をしている。

* 동사의 연체형 ＋ ように :「～하도록」

　例 待つように言いましょうか。

　　(기다리도록 말할까요? ＝ 기다리라고 할까요?)

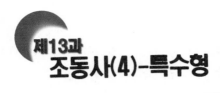

제13과
조동사(4)-특수형

단어	주된 의미	미연형	연용형	종지형	연체형	가정형	명령형	활용형	접속
ぬ(ん)	他消 (부정)		ず	ぬ(ん)	ぬ(ん)	ね		특수형	미연형에
た(だ)	과거 (회상) 완료	たろ		た	た	たら		특수형	연용형에 (5단에는 그 음편형에)
です	정중한 단정 (지정)	でしょ	でし	です	(です)			특수형	체언·조사 「の」에(형용 동사 어간에)
ます	정중	ませ ましょ	まし	ます (まする)	ます (まする)	ますれ	(ませ) (まし)	특수형	연용형에

1. た(だ)

(1) 의미 : 과거, 완료

(2) 접속 : 연용형(5단 동사는 음편형에)

> おきる → おきます → おきて → おきた　　(상1단)
>
> 食べる → 食べます → 食べて → 食べた　　(상1단)
>
> くる → きます → きて → きた　　　　(カ변)
>
> する → します → して → した　　　　(サ변)
>
> かく → かきます → かいて → かいた　　(5단)

ぬぐ → ぬきます → ぬいで → ぬいだ

ない → なかった

行かない → 行かなかった

行きたい → 行きたかった

水曜日だ → 水曜日だった

(3) 활용

終わる

終わっ	た	(종지형)	끝났었다(끝났다)
	たろう	(미연형)	끝났을 것이다
	た時	(연체형)	끝났을 때
	たら①	(가정형)	끝났더니 (과거)
	たら②		끝나거든 (현재)
	たら③		끝나면 (미래)

예 小さかった時、何度もころんだ坂だ。

あなたに似た人に会いました。

夏休みには旅行がしたかった。

あの眼鏡をかけた女の人はだれですか。

ご飯のしたくができたら私を呼んでください。

きのうは月曜日だったっけ。

今書きおわった。

2. ぬ(ん)

(1) 의미 : 부정

(2) 접속 : 미연형(サ변은 せ에)

(3) 활용

帰る → 帰ら   ぬ＝ (ない)   돌아가지 않는다

ん＝ (ない)   돌아오지 않는다

ず＝ (ないで)   돌아가지 않고(서)

ずに＝ (ないで)   돌아오지 않고(서)

ぬ＝ (ない)   돌아가지 않는다

ねば＝(なければ)   돌아오지 않으면

例 私はそんなことは知りません。

あそびに行って思いがけぬ人にあった。

やむをやまれぬ事情で学校をやめます。

あの人はおこりもせず笑っていた。

3. です

(1) 의미 : 정중한 단정(~입니다), だ의 공손한 형

(2) 접속 : ① 종지형 ② 체언 ③ 조사 ④ 형용동사 어간

(3) 활용

学生   です   (종지형)   학생입니다   (현재)

ですので(연체형)   학생이기 때문에 (현재)

でした   (연용형)   학생이었습니다 (과거)

でして   (연용형)   학생이어서   (종지법)

でしょう (미연형)   학생이겠죠   (추측)

例 ここはあなたの席でしょう。   バンが食べたいです。

寒いでしょうう。   うちへ帰りたいです。

紙は2枚ずつです。   さしみは食べないです。

どこへ行くのですか。　　　前には学生でした。

好きな日本語ですので。　　きのうは日曜日でした。

雨ですので花が散る。　　　休みですのに来る。

美しいです。　　　　　　　元気ですのに。

4. ます

(1) 의미 : 정중(~합니다)

(2) 접속 : 연용형

　　よむ → よみます　　みる → みます

　　する → します　　くる → きます

　　べる → べます

(3) 활용

　　いく → 行き　　ます　　(종지형) 갑니다

　　　　　　　　　ません　(미연형①)가지 않습니다

　　　　　　　　　ましょう(미연형②)갑시다

　　　　　　　　　　　　　　　가겠습니다

　　　　　　　　　ました　 (연용형) 갔습니다

　　　　　　　　　ましたら (연용형) 가시거든

　　　　　　　　　まして　 (연용형) 가서(가셔서)

　　　　　　　　　ます時　 (연체형) 가실 때

　　　　　　　　　ますれば (가정형) 가신다면

예 もうすぐ桜の花が咲きましょう。(이제 곧 벚꽃이 피겠지요.)

　　私もきょうは学校を休みましょう。

　　(나도 오늘은 학교를 쉬지요)

あの映画を見ましょう。(저 영화를 봅시다.)

いっしょに食べましょう。

あす行きますればわかるでしょう。

いっしょに出ましょう。

* ～たら(조동사) : 과거완료의 조동사 「た」의 가정형으로서 「～하면, ～하거든, ～했으면, ～했더니」 등의 뜻이 되며 현재·미래·과거에 두루 쓰인다.

　　例 頂上に着いたら、おひろにしましょう。
　　　 (정상에 도착하면 점심을 하기로 합시다.)

　　　 それが重かったら、これをお持ちなさい。
　　　 (그것이 무겁거든, 이것을 들으세요.)

　　　 私だったら、そんなことはしません。

제14과
조동사(5)-무변화

단어	주된 의미	미연형	연용형	종지형	연체형	가정형	명령형	활용형	접속
う	추량 의지			う	(う)			특수형	5단의 미연형에
よう	추량 의지			よう	(よう)			특수형	5단 이외의 미연형에
まい	打消의 추량 의지			まい	(まい)			특수형	5단의 종지형에(5단 이외의 미연형에)

1. よう, う

(1) 의미 : 추량, 의지, 권유(~하겠다, ~하자, ~일 것이다)

(2) 접속 : ① 5단 동사 : 미연형＋う

      ② 기타 동사 : 미연형＋よう(サ변은 し에)

    吹く([바람이] 불다) → 吹こう(불겠지, 불 것이다)

    貸す(빌려주다) → 貸そう(빌려주마, 빌려주지)

    来る(오다) → 来よう(오마, 오자)

    起きる(일어나다)→起きよう(일어나마, 일어나자)

(3) 활용

    する → しよう 하겠다 / 하자 / 할것이다

        ようか 할까?

ようが 하든(~말든)

ようと 하려고 / 하든(~말든)

ようものなら 하면(할 것 같으면)

あける → あけ る

あけ よう　열겠다 / 열자

　　　　　열 것이다

ようか 열까?

ようが 열든(~말든) / 열겠지만

ようと 열려고 / 열든(~말든)

ようものなら 열면(열 것 같으면)

いく → 行かれる

行かれ よう　갈 수 있을 것이다

ようか 갈 수 있을까

ようが 갈 수 있든(~없든)

　　　　　갈 수 있겠지만

ようと 갈 수 있든(~없든)

ようものなら 갈 수 있으면

예 頭が痛いから、学校を休もう。

あなたにこの雑誌を上げよう。

みんないしょに遊びに行こう。(모두 함께 놀러 가자.)

あの映画を見よう。(저 영화를 보자.)

あしたの朝は早く起きよう。

君にこの本をあげよう。

もう一度、日本へ来ようと思っています。

* う, ように

① 「〜とする」를 붙이면 「〜하려고 하다」의 뜻

예 そのうちを出ようとした時、その人が帰って来た。
(그 집을 나오려고 했을 때 그 사람이 돌아왔다.)
その人は夜になっても帰ろうとしなかった。
(그 사람은 밤이 되어도 돌아가려고 하지 않았다.)

② 「〜かと思う」를 붙이면 「〜할까 하고 생각하다」의 뜻

예 どっちにしょうかと思いました。
(어느 쪽으로 할까 하고 생각했습니다.)
来月持って来ようかと思います。
(내달 가지고 올까 하고 생각합니다.)

③ 「〜と思う」를 붙이면 「〜하려고 생각하다, 마음먹다」

예 すこし待とうと思いました。
(좀 기다리려고 생각했습니다.)

私も読んで見ようと思っています。
(나도 읽어 보려고 생각하고 있습니다.)

2. まい

(1) 의미 : 부정의 추량, 의지(〜하지 않겠다, 〜하지 않을 것이다)

(2) 접속 : ① 5단 동사의 종지형 ② 기타 동사의 미연형 ③ カ변,
サ변은 종지형, 미연형에 다 쓴다

(3) 활용

行くまい   가지 않겠다(의지의 부정)

                가지 않을 것이다(추측의 부정)

　　　　見まい　　　　　보지 않겠다(의지의 부정)

　　　　(みる)　　　　　보지 않을 것이다(추측의 부정)

　예　君には何も言うまい。

　　　　見まいと思っても、つい見てしまう。

　잠깐 코너

약속 시간에 늦었을 때의 사과 표현

♠친한 친구 사이일 때

ごめん、ごめん。/ 遅れて ごめん。

♥좀더 정중한 표현

遅れて(遅くなって) ごめんなさい(すみません)。

♣정중한 자리일 때또는 윗사람이나 고객에게 쓴다.

遅くなりまして大変申しわけございます。

제3부 어휘편

제15과
조사

- **~が(조사)**: ~이(가), ~이지만, ~인데
    - 예 私が先生です。(내가 선생입니다.)
    - 小さいですが(작습니다만)
- **~から**: ~부터, ~에서, ~ 때문에
    - 예 あなたからしなさい。(당신부터 하십시오.)
    - あしたですから(내일이니까)
- **~で**: ~(으)로, ~에서, ~이고
    - 예 足で歩きます。(발로 걷습니다.)
    - どこでたべましたか。(어디서 먹었습니까?)
- **~と**: ~와(과), ~(으)면, ~라고, ~(으)로
    - 예 英語で言うと、どうなりますか。
    - (영어로 말하면 어떻게 됩니까?)
    - 先生と学生(선생님과 학생)
    - 「本」という字です。(「본」이라는 글자입니다.)
- **~として**: ~로서
    - 예 親として許せない。(어버이로서 용서할 수 없다.)
- **~に**: ~에, ~에게, ~에게서

예 先生にあります。(선생님에게 있습니다.)

■ ~の: ~의, ~의 것, ~이(가), ~것, ~인

　예 わたしのはこれです。(내 것은 이것입니다.)

　　友達の金先生(친구인 김 선생님)

　　軽いのです。(가볍습니다.)

　　着くのか(도착하느냐?)

　　私の知っている日本語(내가 알고 있는 일본어)

　　このかばんはだれのですか。(이 가방은 누구 것입니까?)

■ ~へ: ~에, ~로
　예 学校へ行きました。(학교에 갔습니다.)

■ ~より: ~보다
　예 日本はアメリカより小さいです。
　　(일본은 미국보다 작습니다.)

■ ~を: ~을(를)
　예 パンを食べます。(빵을 먹습니다.)

■ ~や: ~과, ~이랑, ~(이)나
　예 手や足(손이나 발)

■ ~ば: ~면
　예 休みたい(쉬고 싶다) → 休みたければ(쉬고 싶으면)

■ ~ても: ~어도, ~해도
　예 ながい(길다) → ながくても(길어도)

　　できる(할 수 있다) → できても(할 수 있어도)

　　会(あ)いたい → 会いたくても(만나고 싶어도)

■ ~けれども(=けど): ~지만
　예 勉強はするけど、日本語の勉強ではない。

(공부는 하지만, 일본어 공부는 아니다.)

- **~のに : ~데에**

   예 字を書くのに便利なものは万年筆です。
   (글씨를 쓰는 데[쓰기에] 편리한 것은 만년필입니다.)

- **~し : ~고, ~니**

   예 お茶は飲んだし、もう帰りましょう。
   (차를 마셨으니, 이젠 돌아갑시다.)
   家はきれいだし、庭は広いし、ほんとにいい。
   (집은 깨끗하고 정원은 넓고 정말로 좋다.)

- **~て : ~하고**

   예 教えて行きます。 (가르치고 갑니다.)

- **~とも : ~다, ~모두**

   예 三つとも私のものです。 (세 개 다 내 것입니다.)

- **~てから : ~(하)고 나서**

   예 行(い)く(가다) → 行ってから(가고 나서)

- **~ながら : ~하면서**

   예 歩きながら話しましょう。 (걸으면서 이야기합시다.)

- **~たり : ~(하기)도 하고 ~(하기)도 하고**

   예 行ったり来たりする(왔다 갔다 한다.)
   山を越えたり川を渡ったりした。
   (산을 넘기도 하고 강을 건너기도 하였다.)

- **~は : ~은**

   예 窓はどれですか。 (창문은 어느 것입니까?)

- **~も : ~도**

   예 それも戸です。 (그것도 문입니다.)

- **~でも : ~라도**

예 お茶でも飲みましょう。(차라도 마십시다.)

- **~しか: ~밖에**
  예 私しか知りません。(나밖에 모릅니다.)

- **~ばかり: ~만, ~뿐, ~만큼**
  예 五キロばかりはなれた町。(5km 가량 떨어진 읍.)
  少し前に来たばかりです。
  (바로 조금 전에[방금] 왔습니다.)
  学校では日本語ばかり習っています。
  (학교에서는 일본어만 배우고 있습니다.)

- **~だけ: ~뿐**
  예 読んでみただけです。(읽어 보았을 뿐[따름]입니다.)

- **~ほど: ~만큼, ~정도, ~할수록**
  예 飲めば飲むほど(마시면 마실수록)
  一ヵ月ほど前にこの会社に勤めました。
  (한 달쯤 전에 이 회사에 근무했습니다.)

- **~ぐらい(~くらい): ~정도, ~쯤**
  예 きょうもきのうぐらい寒いです。
  (오늘도 어제만큼 춥습니다.)
  私は毎月三万円ぐらい使います。
  (나는 매달 3만 엔쯤 씁니다.)

- **~など: ~등, ~따위**
  예 お金など要らないです。(돈 따위는 필요없습니다.)

- **~か: ~(입니)까, ~인지**
  예 きょうはなぜか忙しいんです。(오늘은 왠지 바쁩니다.)
  となりの部屋にだれかいますか。
  (옆방에 누군가 있습니까?)
  だれにしょうか。(누구로 할까?)

そろそろ帰ろうか。(이제 슬슬 돌아가 볼까?)

あなたは何を買いましたか。(당신은 무엇을 샀습니까?)

日本語か英語を習います。(일본어나 영어를 배웁니다.)

- **~こそ： ~야말로**

  예 討議をつくすのこそ学問的な態度だ。
  (토의를 다하는 것이야말로 학문적인 태도다.)

- **~なり： ~(이)든**

  예 山へなり海へなり行くのがいいです。
  (산에든 바다에든 가는 게 좋습니다.)

- **~さえ： ~조차**

  예 動くことさえできない。(움직이는 일조차 불가능합니다.)

- **~まで： ~까지**

  예 どこまでいきますか。(어디까지 갑니까?)

제16과
연체사

어 미	어 례
の	この(이), その(그), あの(저), どの(어느)
が	わが(나의)
な	大きな(큰), 小さな(작은), いろんな(여러 가지의)
る	ある(어느), あらゆる(모든), いわゆる(소위), 去(さ)る(지난), きたる(오는), かかる(＝こんな) いかなる(＝どんな)

예 この生徒。その本。あの先生。

どの学校。わが闘争。

大きな事を言う。(큰소리치다.) ちいさな時計。

いろんな物の買う。 ある人がこう言った。

あらゆる本を読むことはできない。

これがいわゆるデモヲラシだ。 さる五日の朝。

きたる総選挙には……。 かかる政勢の下で。

いかなる人物だ。(어떠한 인물인지.)

접속부사

▌병렬

- **また(又)**：또
    - 예 彼も**また**人の子だった。(그도 역시 보통 인간이었다.)
- **および(及び)**：및
    - 예 国語、社会**および**体育は必修科目である。
- **ならびに(並びに)**：및
    - 예 姓名**ならびに**職業を書きなさい。
- **かつ(且つ)**：및
    - 예 必要**かつ**十分な条件。

▌첨가

- **そのうえ(其の上)**：그 위에
    - 예 天気もいいし、**そのうえ**風も涼しい。
- **しかも**：더구나
    - 예 英語ができ、**しかも**数学もできる。
- **それから**：그 다음에(それ＋から)
    - 예 **それから**野球をした。
- **なお**：더욱

예 この方かなおよい。

- **そして** : 그리고(＝そうして)

예 戦え、そして勝て。

| 선택

- **または** : 또는(また[又]＋は)

예 特急列車または航空機が利用できる。

- **あるいは** : 혹은(或いは)

예 大田あるいは光州で開催する。

- **それとも** : 그렇지 않으면

예 かれは合格するだろうか、それとも失敗するだろうか。

| 순접

- **だから** : 그러니까(だ＋から＝ですから)

예 かれの成績は優秀だ。だからきっと合格する。

- **したがって** : 따라서(従って)

예 戦争に敗れた。したがって青年は再建のために大いに努力
    しなければならない。

- **ゆえに** : 때문에(故に)

예 夏は暑い。ゆえに汗が出る。

- **そこで** : 그래서(そこ＋で)

예 わからなくて困った。そこで先生に尋ねた。

- **それで** : 그러므로(それ＋で)

예 それでどうじましたか。

역접

- **しかし**：그렇지만

  예 道はかなり遠い。**しかし**時間はあまりかからない。

- **だが**：그러나(だ＋が)

  예 彼は頭はいいの**だが**健康がよくない。

- **けれども**：그렇지만(＝けれど)

  예 これは非常に便利な物です。**けれど**、ちょっと値段が
  高すきます。

- **ただし**：단(但)

  예 明日臨時休校。**ただし**教職員は出勤すること。

- **ところが**：그러나(ところ＋が)

  예 新聞は軽く扱っていたようだ。**ところが**これは事件だ。

- **でも**：하지만

  예 **でも**昇進は悪くない。

- **しかしながら**：그러나(＝しかし)

우리말과 뜻이 다른 한자 단어

- **間も無く**(まもなく): 이윽고, 머지 않아, 곧

  예 間も無く春が来る。

- **間柄**(あいだがら): 사람과 사람의 관계, 관계

  예 彼と私とは親戚の間柄です。

- **間違う**(まちがう): 잘못되다, 실수하다, 착각하다, 잘못 알다

  예 考えが間違っている。

- **見方**(みかた): 보는 방법, 견해, 생각

  예 それは見方による。

- **見合う**(みあう): 균형이 맞다

  예 購買力が物価と見合う。

- **工合**(ぐあい)=具合: 형편, 상태, 방식

  예 機械の工合が悪い。

- **気持ち**(きもち): 마음, 기분

  예 相手の気持ちをかんがえる。

- **大切**(たいせつ): 중요, 귀중, 조심

  예 大切な命。

- **都合**(つごう): 다른 일과의 관계, 형편, 사정

예 自分の都合ばかり考える。

- **裏切る**(うらぎる): 배반하다, 어긋나다

  예 味方を裏切た。

- **面白い**(おもしろい): 재미있다, 우습다

  예 面白いことを言う。

- **名前**(なまえ): 이름

  예 この花はきれいだが、何という名前だろう。

- **物語る**(ものがたる): 이야기하다, 말해 주다

  예 体験を物語る。

- **味方**(みかた): 자기 편, 아군

  예 敵と味方。

- **補足**(ほそく): 보충하여 채움

  예 以上の説明に若干の補足を致します。

- **仕方**(しかた): 하는 방법, 수단

  예 料理の仕方。

- **事柄**(ことがら): 사항, 사물, 사물의 모양

  예 見てきた事柄。(보고 온 내용.)

- **仕事**(しごと): 일, 직업, 업무

  예 仕事がはやく終らなくて困っています。

- **書物**(かきもの): 쓴 것, 문서, 기록

  예 先祖伝来の書物を調べる。

- **手伝う**(てつだう): 남을 도와서 일하다, ~이 이유의 하나가 되다

  예 若盛りに酒の気も手伝って無謀な事をする。

- **手紙**(てがみ): 편지

예 あなたからの手紙が何よりも待たれます。

• **受持**(うけもち) : 담당, 담당자

　　예 英作文の授業を受け持つ。

• **勝手だ**(かってだ) : 편리하다, 제멋대로이다

　　예 勝手なやつ。

• **十分**(じゅうぶん) : 충분함, 충분히

　　예 十分な報酬を貰う。

• **言葉**(ことば) : 말, 언어

　　예 やさしい言葉にいいかえる。

• **余儀ない**(よぎない) : 부득이하다, 할 수 없다

　　예 それも余儀ないことだ。

• **役立つ**(やくだつ) : 도움이 되다, 유용하다, 소용되다

　　예 研究に役立つ資料。

• **役目**(やくめ) : 임무, 책임, 직분, 구실

　　예 親の役目。

• **為替**(かわせ) : 환, 환어음

　　예 為替レート。(환율)

• **一応**(いちおう) : 우선, 일단, 좀더, 거듭

　　예 一応そう結論できる。

• **一体**(いったい) : 일체, 도대체, 원래

　　예 一体が丈夫な人ではなかった。

• **子供**(こども) : 아이, 자식

　　예 子供に動物を育てさせる。

• **自分**(じぶん) : 자기, 자신

〔예〕先生は自分でわかるまで学生に考えさせます。

- **場合**(ばあい) : 경우

    〔예〕欠席の場合はご通知くたさい。

- **足場**(あしば) : 발판, 기반

    〔예〕足場がなくて上がれない。

- **いたるところ**(到る処) : 도처에, 곳곳에

    〔예〕いたるところ大変な出だ。

- **真面目**(まじめ) : 진지함, 착실함

    〔예〕それは真面目に考える必要がある。

- **最中**(さなか) : 한창 ~인 때

    〔예〕大雨の最中に帰って来た。

- **出来事**(できごと) : 사건

    〔예〕日日の出来事を報道する。

- **値段**(ねだん) : 값, 가격

    〔예〕値段は少し高いが物はいい。

- **割合**(わりあい) : 비율

    〔예〕1秒間に5回の割合で回転する。

- **互い違い**(たがいちがい) : 엇갈림

    〔예〕互い違いに編む。

- **後ろ合せ**(うしろあわせ) : 반대

■ 「동사의 미연형＋**なければならない**」: ～하지 않으면 안된다
　예　買^かわなければならない。(사지 않으면 안된다.)

■ 「연용형＋**てもいい**」: ～해도 된다
　예　いつ来^きてもいいです。(언제 와도 됩니다.)
　　　来^こなくてもいいです。(오지 않아도 됩니다.)

■ 「동사의 연용형＋**なおす**」: 고쳐 ～하다, 다시 ～하다
　예　書^かきなおす。(다시 쓰다.)

■ 「동사의 연용형＋**て**＋**いる**」: ～하고 있다, ～해 있다
　예　よんでいる。(읽고 있다.)
　　　立^たっている。(일어서 있다.)

■ 「동사의 연용형＋**て**＋**おく**」: ～해 두다, ～해 놓다
　예　電話^{でんわ}をかけておきました。(전화를 걸어 두었습니다.)

■ 「동사의 연용형＋**たことがない**」: ～한 적이 없다
　예　遊^{あそ}んだことがない。(논 적이 없다.)

■ 「동사의 연용형＋て＋しまっ」: ～해 버리다
　예 切ってしまいましょう。(잘라 버립시다.)

■ 「동사의 연용형＋て＋くださる」: ～해 주시다
　예 来てくださいますか。(와 주시겠습니까?)

■ 「동사의 연용형＋にくい」: ～하기 어렵다, ～하기 힘들다
　예 聞きにくい。(듣기 어렵다.)
　＝ 동사의 연용형 ＋ がたい

■ 「동사의 연용형＋やすい」: ～하기 쉽다
　예 こわれやすい。(깨지기 쉽다.)

■ 「동사의 연용형＋ては＋いけない(ならない、だめだ)」: ～해
서는 안된다
　예 書いてはいけません。(써서는 안됩니다.)

■ 「동사의 연용형＋手(て)」: (그 동작을) 하는 사람
　예 書き手(쓰는 사람), もらい手(받는 사람)

■ 「동사의 연용형＋方(かた)」: ～하는 방법, ～하는 방식
　예 読み方(읽는 법), 使い方(사용법)

■ 「동사 ＋ 명사」,「동사 ＋ 동사」,「동사 ＋ 형용사」로서 복합어를
이룰 경우, 동사가 앞에 올 때에 그 동사의 형태는 반드시 연용형
이다.
　예 書き始める(쓰기 시작하다)

習い始める(배우기 시작하다)
食べ物(먹을 것, 음식)
飲み物(마실 것, 음료수)

■「동사의 연체형＋ように」: ～하도록
　예 よく分るように教えてください。
　　　(잘 알 수 있도록 가르쳐 주십시오.)
　예 風邪を引かないようにしてください。
　　　(감기 들지 않도록 해 주십시오.)

■「동사의 연체형＋ことにする」: ～하기로 하다
　예 この仕事は私がやることにしました。
　　　(이 일은 내가 하기로 했습니다.)

■「동사의 연체형＋ことができる」: ～할 수가 있다
　예 とぶことができる。(날 수가 있다.)

■「～という＋체언」: 이라고 하는(～이라는) ＋ 체언
　예 金という人(김이라는 사람)

■「～と思(おも)う」: ～라고 생각한다
　예 ひろいと思います。(넓다고 생각합니다.)

■「～に会(あ)う」: ～를 만나다
　예 先生に会う。(선생님을 만나다.)

■「～になる」: ～이(가) 되다

예 大学生になります。(대학생이 됩니다.)

■「~ことが(も)ある」: ~하는 일이(도) 있다

예 つとめることがあります。(근무하는 일이 있습니다.)

■「~かどうか」: ~인지 어떤지

예 もっていたかどうかためす。
(가지고 있었는지 어떤지 시험하다.)

■「~かも知れない」: ~ㄹ지도 모른다

예 軽いかも知れません。(가벼울지도 모릅니다.)

■「체언＋に＋する」: ~으로 한다, ~으로 정한다

예 あの人を社長にしましょう。(저 사람을 사장으로 합시다.)

■「ちがう」(다르다),「まちがう」(틀리다),「まちがえる」(착각하다)

예 これはあなたのものとはちがうようです。
(이것은 당신 것과는 다른 것 같습니다.)

病院をホテルとまちがえました。(병원을 호텔로 착각했습니다.)

私はまちがった答えを書いてしまいました。
(나는 틀린 답을 써 버렸습니다.)

■「やる」: ① 「する」(하다)와 같은 뜻

예 勉強をやっています。＝ 勉強をしています。
(공부를 하고 있습니다.)

② 「보내다」의 뜻인데, 주로 「가게 한다」의 뜻으로 많이
쓴다

예 私の子供たちはみんな大学へやります。
(우리 애들은 모두 대학에 보내겠습니다.)

③ 「(내가 또는 남이 남에게) 주다」의 뜻

$$ 自 \underset{くれる}{\overset{やる}{\longleftrightarrow}} 他 \overset{やる}{\longrightarrow} 他 $$

받다 : もらう

예 私は弟に手袋をやりました。
(나는 동생에게 장갑을 주었습니다.)
この切符は妹が私にくれました。
(이 표는 누이 동생이 나에게 주었습니다.)
友達から小包をもらいました。
(친구에게서 소포를 받았습니다.)

◉ 「동사의 연용형＋て＋やる」: 자기가 혹은 다른 사람이 남에게 「～해 주다」의 뜻이 된다

예 私は弟に日本語を教えてやりました。
(나는 동생에게 일본어를 가르쳐 왔습니다.)

◉ 「동사의 연용형＋て＋くれる」: 다른 사람이 자기에게 「～해 주다」의 뜻이 된다

예 女中が切符を買って来てくれました。
(식모가 표를 사 와 주었습니다.)

◉ 「동사의 연용형＋て＋もらう」: 자기가 혹은 다른 사람이 남으로부터 「～해 받다」의 뜻

제19과 기타 • 99

예 だれに来てもらいましたが。
(누구에게 와 받았습니까?, 즉, 누가 와 주었습니까?)

■「～ため」: ～때문에, ～위하여
예 会社のために働きます。(회사를 위해서 일합니다.)
だれのために勉強をしますか。自分のためです。
(누구를 위하여 공부를 합니까? 자신을 위해서입니다.)
言葉の意味を知るために字引を引きます。
(단어의 뜻을 알기 위해서 사전을 찾습니다.)

あなたとためなら、どんなことでもします。
(당신을 위해서라면 어떤 일이라도 하겠습니다.)
病気のために休みました。(병 때문에 쉬겠습니다.)

■「いくら」와「いくつ」의 차이

「いくら」는 값, 무게, 양 등을 물을 때에 사용한다. 우리말의
「얼마」에 해당된다.

예 この本はいくらですか。(이 책은 얼마입니까?)

「いくつ」는 수, 나이 등을 물을 때에 사용한다. 우리말의「몇,
몇 개」,「몇 살」에 해당된다.

예 椅子はいくつありますか。(의자는 몇 개 있습니까?)

あなたはことしいくつになりましたか。
(당신은 올해 몇 살이 되었습니까?)

■「～度(ど)」: ～번, ～회, ～차례
예 一度 二度 三度 四度 五度 六度 七度 八度 九度 十度

■「～中(じゅう)」: 시간이나 장소를 나타내는 명사에 붙어서「그 전

체」란 뜻을 나타낸다.

예 一日中^{いちにちじゅう}(하루 종일) 夏休み中^{なつやすみじゅう}(여름 방학 내내)
　一年中^{いちねんじゅう}(1년 내내) 世界中^{せかいじゅう}(온 세계)
　学校中^{がっこうじゅう}(학교 전체) 家中^{いえじゅう}(집안 전부)

◼「～番^{ばん}」: 순번, 번호를 나타내는 조동사로서 우리말의 「～번」
에 해당된다.

예 一番^{いちばん} 二番^に 三番^{さん} 四番^{よん} 五番^ご 六番^{ろく} 七番^{なな・しち} 八番^{はち} 九番^{きゅう} 十番^{じゅう}

◼「～目^め」: 二(ふた)つ目(め), 三人(さんにん)目(め) 등 수를 나타
내는 말에 붙어 순서를 나타낸다. 우리말의 「～째」에 해당된다.

◼「～番目(ばんめ)」: 순서를 나타내는 조수사(助数詞)로서 우리말의
「～번째」에 해당된다.

◼「いろいろ」: 우리말의 「여러 가지」란 뜻인데, 용례는 다음과 같다.
「いろいろの(또는 な) ＋ 명사」

예 いろいろの(또는 な)花 (여러 가지 꽃)

　いろいろの(또는 な)もの (여러 가지 물건)

「いろいろ ＋ 동사」

예 いろいろあります。(여러 가지 있습니다.)
　いろいろ見^みます。(여러 가지 봅니다.)

「いろいろです」

예 人^{ひと}はいろいろです。(사람은 가지각색입니다.)

■「~はず」: ~할 예정, ~할 터, 당연히 ~할 것, ~할 리
    예 私も行くはずです。
      (나도 갈 예정입니다, 나도 가기로 되어 있습니다.)

■「ところ」: 막 ~하(려)는 참, 마침 그 때
    예 本を読んでいるところです。

■「ほしい」: 원하다, 탐나다의 뜻인데, 갖고 싶다, 필요하다, 마시고
싶다, 사고 싶다
    예 あなたはなにがほしいですか。
      (당신은 무엇을 갖고 싶습니까?)
      なしがほしいです。(배가 먹고 싶습니다.)
      お金がほしいです。(돈이 필요합니다.)

■「~らしい」: ~답다
    예 男らしい人。(남자다운 사람.)

■「~つもり」: 생각(뜻), 예정, 작정, 속셈
    예 使うつもりです。(사용할 생각입니다.)

■「こと」: 일, 것, (물건이 아닌 사항), 적, 수
    예 映画を見ることもあります。
      (영화를 보는 일[적, 수]도 있습니다.)

전화 관련 표현

전화번호 읽기

일본의 전화번호 역시 한국처럼 지역번호- 국번- 전화번호 순으로
하나씩 읽는다.

예 02-3456-5928
(ゼロにの さんよんろくはちの ごきゅうにはち)
'0'은 'れい' 'まる'라고도 읽는다.

전화 상태가 좋지 않을 때

もう一度ゆっくりおっしゃって下さい。
(다시 한번 천천히 말씀해 주십시오.)
もうすこしゆっくりお話し下さい。
(좀더 천천히 말씀해 주십시오.)
もう一度かけなおして下さい。
(다시 한번 걸어 주십시오.)
電話が遠くて聞こえません。
(전화가 멀어서 들리지 않습니다.)

부재중일 때

今あいにく席をはずしておりますが。
(지금 공교롭게도 자리를 비웠습니다만...)
ただいまちょっと外出中でございますが。
(지금 좀 외출중입니다만...)
2時までにはもどると言っておりましたが。
(2시까지는 돌아온다고 했습니다만...)

상대방에게 전하고 싶은 말을 물을 때

何かお伝えいたしましょか。
(무언가 전할 말씀이 있으십니까?)
どちらから電話があったとお伝えしましょか。
(어디에서 전화가 왔다고 전할까요?)

제4부 해석편

ゲームの理論における^①「囚人のディレンマ」とは^②、二人の人間が
共犯で同一の犯罪を犯して逮捕され^③、別々に取調べ^④を受けたと想
定して、二人ともが他の者を信頼して黙秘すれば両方ともが釈放さ
れるが、相手が自白して自分が自白しないときに形が重くなること
を恐れて、両方ともが自白をすれば双方が損をするという事例であ
る。すなわち、相手が裏切った場合を計算して行動することが合理
的なように^⑤みえるが、実は、そのような不信頼を基礎として行動
する方が双方に不利益をもたらすというディレンマである。この同
じ理論は国際関係に次のように適用されうる^⑥。

　相手国への不信を前提とするならば、双方が軍拡あるいは先制攻
撃をえらぶ結果となり、信頼を基礎とすれば軍縮、先制攻撃の否定
という方向をえらぶことになる。

① 於(お)ける : (~에) 있어서의. おいて(於[い]て) : (~에) 있어서
② と＋は : ~(이)란
③ 逮捕する → 逮捕される(수동) → 逮捕され(연용형) : 체포되어. 동사 연용형
　의 중지법(~하고, ~하여)
④ 取調べる의 연용형 → 명사
⑤ 조동사 ようだ의 연용형 : ~같이

⑥ 適用する→適用される(수동)→適用され(연용형)+得(う)る : 적용될 수 있다.
　동사 연용형+得る(える 혹은 うる)는 가능동사(~할 수 있다)로 쓰인다

　本書を著わすわたくしの目的は、国際貿易の諸問題の理解に必要
な最小限の<u>フレームワーク</u>①を組み立てることである。国際貿易と
は狭義には、物的財貨の諸国間における交換から生じ、かつそれに
関聯して生ずる諸問題の集りであると定義される。国際通貨ならび
に国際金融の諸問題は本書では<u>取り扱われていない</u>②。もし国際経
済学のすべての分野に<u>及ばねばならない</u>③という場合には、本書を
補足するいくつかの書物を<u>利用することができる</u>④。

① framework
② 取り扱う→取り扱わ(미연형)+れ(조동사「れる」의 연용형)+て+い(居る의 미
　연형)+ない : 취급되어 있지 않다.
③ 及ぶ→扱ば(미연형)+ね(조동사「ぬ」의 가정형)+ば(조사)+なら(なる의 미연
　형)+ない : 미치지(도달하지) 않으면 안된다.
④ 利用する+こと(事)+が+でき(出来)る : 이용하는 것이 가능하다 → 이용할
　수 있다.

　<u>さて</u>①、社会全体としてみれば、いろいろな人がいろいろな生産
部門に分属して、さまざまなものを生産し社会全体の欲求を<u>満たし
ていく</u>②、そしてそれによっに、社会全体の<u>いわば</u>③物質的新陳代謝
がつねに<u>続けられていくことになるわけですが</u>④、それぞれの人が
いろいろなものを生産するといっても、その基盤がいま<u>言ったよう
な</u>⑤自然成長的な分業であるばあいには、個個人の営みはまったく
私的なものとして<u>行なわれ</u>⑥、したがって、その営みが現実に社会
の必要を満たすもの<u>であるかどうか</u>⑦ということ、つまりその営み
の公的な機能は、結局、需要と供給が<u>押しあいへしあいしている</u>⑧
市場において、<u>いいかえれば</u>⑨、そうした交換過程のただ中では<u>はじ</u>

<u>めて</u>⑩事後的に実証されることになるわけなのです。それまでは、個個人はみな自分の仕事の公的な意義についてはまったく偶然な、限られた知識しか<u>もちあわせずに</u>⑪、単なる私的な仕事として<u>やっている</u>⑫わけです。ところで、こういうばあいには「疎外」Entfremdungという現象が起るというのです。

① 다른 화제로의 전환을 나타낸다. 그런데(ところで), 그리고(そして), 그래서
(それから)의 뜻
② 滿(み)たす → 満たし(연용형)＋て＋行(い): 만족시켜 가는
③ 말하자면
④ 続(つづ)ける → 続け(미연형) → られ(조동사「られる」의 연용형)＋て＋いく
＋こと(事)＋に＋なる＋わけ＋です＋が: 계속되어 가는 것이 (계속되어 가
게) 되는 것입니다만
⑤ 言(い)う → 言っ＋た＋ような(조동사「ようだ」의 연체형): 말한 것 같은
⑥ 行(おこ)なう: いく 와 구별할 것.
⑦ ～인지 아닌지(어떤지).
⑧ 押(お)す → 押し(연용형)＋合(あ)う: 서로 밀다. 押しあい(名): 서로 밈. 동사
연용형＋合(あ)う: 서로 ～하다, 서로 밀고 당기고 하고 있는
⑨ 言(い)う → いい(연용형)＋代(かえ)る → いいかえれば: 바꾸어 말하면. 동사
와 동사를 연결할 때는 연용형을 쓴다.
⑩ 始(はじ)める → はじめて: 시작하여, 비롯하여
⑪ 持(も)ち合(あね)せる → もちあわせ(미연형)＋ず(조동사「ぬ」의 연용형)＋に:
갖고 있지 못하고.
⑫ やる → やっ → て＋いる: 하고 있는. やる＝する

　平和が万人の切なる願いであっても、平和は自然にもたらされるものではなく①、人間の力によって達成されなければならないものであり、あるいは、平和をみだす行為を排除する努力なくしては維持されないものである。ここに好むと好まないとにかかわらず②、われわれが政治を考えなければならない理由がある。国家が死滅せず、現実に政治権力がある限り、平和が達成されるかどうか③、ということ

は、国家の政策を離れては考えられない。

　もちろん、こういったからとういって、国家が平和の問題を独占している、あるいは独占すべき④のだといっているわけではない。「国家悪」を指摘するにしても⑤現状をかえるためには⑥、どうすればよいのか。この小著で企てようとするのは⑦、この問題を平和と政治との関連を中心として考えていくことである。

① 物(もの)＋で＋は＋なく(←ない)：것이 아니고. ない는 「없다」의 뜻이고, で＋ない는 「아니다」의 뜻. 형용사의 연용형 「く」의 중지법.
② 好(この)む＋(の)＋と＋好まない＋(の)＋と＋に＋拘(かか)わら(かかわら의 미연형)＋ず(「ぬ」의 연용형→중지법)：좋아함과 좋아하지 않음에 구애받지 않고 → 좋든 싫든 간에.
③ 達成される＋か＋どう＋か：달성되는지 어떤지.
④ 独占す＋べき(조동사 「べし」의 연체형)：독점해야 할.
　• 조동사 べし에 대하여 :
　　㉠ 연결 : 동사 종지형. ～する의 ～す에
　　㉡ 의미 : 당연(～것이 마땅하다, ～해야 한다), 추측(～할 듯하다, ～인 것 같다), 가능(～할 수 있다)
　　㉢ 활용 : 미연(べく), 연용(べく), 종지(べし), 연체(べき), 가정(べけれ)
　　㉣ 残るべくして残った. (남아야 했기에 남았다.)
　　　七時に集合すべし。(7시에 집합할 것.)
　　　いいおくべきことがある。(말해 둘 것이 있다.)
⑤ 指摘する＋(の)＋に＋し＋て＋も：지적하는 것으로 하여도 → 지적한다 해도
⑥ 変(か)える＋ため＋に＋は：바꾸기 위해서는
　　ため：～위하다, ～ 때문이다. 연체형은 かめ＋の
⑦ 企(くわだ)てる → 企て(미연형)＋よう(조동사)＋と＋する＋の＋は：꾀하려 하는 것은. (よ)う＋と＋する：～하려 하다

　全体主義国家とその支配者がやったことが、その精神的＝政治的
現象形態の多くの点で、時としては通常の標準では<u>はかれない</u>①連
鎖反応をひき起すのは、<u>避けがたい</u>②ことであった。ユダヤ人の系
統絶滅は、「強者」の無制限の特権を主張し、したがって「劣等な」人
間集団の根絶を計劃・実行したイデオロギーが、その極に達した<u>も
のにほかならない</u>③。ヒトラーの度を越えた国粋社会主義は、「人間
性から国家性を通って獣性へ」の発展を悲観的に予見したグリルパル
ツァー(オーストリアの劇作家)の予言を現実とした。「法は国民に<u>仕
える</u>④ものである」—— そのさい「仕える」ということが何を意味する
かは、国民を支配する<u>もの</u>⑤だけがきめる —— という格言の下に、勝
手気ままな判決が下され、あるいはすでに下された判決が重くさ
れ、もっとも基本的な権利が侵害され、良心の拘束が否定され、隣
人愛の考えが軽蔑された。これによって西洋文明の基礎が破壊され
たのである。このゆがめられた国民国家という考えが、国民国家<u>そ
のもの</u>⑥の危機をもたらすことは必至であった。ヒトラー自身がも
たらしたあらゆる価値の再評価と価値感の転換は、最後には「特別な
愛国心」だけを除外する<u>わけにはいかなかった</u>⑦。「いわゆる人間性
なるもののバカげた束縛」という彼の<u>恥知らず</u>⑧な言葉に答えたの
は、基本的に人間的なものへの復帰であり、これがあらゆる政綱上
の差をのりこえて、さまざまな「抵抗グループ」を結びつけるきずな
になった。

① はかる → はかれる(가능동사) → はかれ＋ない : 예측할 수 없는
② 避(さ)ける → 避け(연용형)＋難(がた)い : 피하기 어려운
　動詞連用形＋難(がた)い 혹은 難(にく)い : ～하기 어렵다

동사연용형 + 易(やす)い : ~하기 쉽다

③ 物(もの) + に + ほか + なら(미연형) + ない : 것으로밖에 되지 않는다

④ 仕(つか)える : 봉사하다

⑤ 여기서는 「사람」의 뜻

⑥ 「그 자체」

⑦ わけ + に + は + いか(いく의 미연형) + ない : ~할 수는 없다

⑧ 恥知(はじし)らず : 수치를 모름

ヒューマニズムという言葉※

　ヒューマニズムという①言葉、今日ではごくふつうの用言になっていますが②、それがいっぱんに使われだした③のは、それほど古いことではありません。哲学事典をみると④、一八〇八年ドイツのあまり⑤著名でない哲学者ニータマー(Friedrich Immanuel Niethamer, 1766-1848)の著書『現代の教授法の理論における博愛主義とヒューマニズムの争い』の中で用いられてから、ドイツ、西欧諸国に普及するようになった⑥とあります。しかしヒューマニズムという言葉に先立って近世のはじめ、イタリア・ルネッサンスにまず「人文主義者」(humanista, humanist)という言葉が生れ、それは人文(humanitas)をよく身につけた、

　※　言葉：말
　①　〜라고 하는
　②　になる：〜가 되다, が：〜인데. 용어가 되어 있습니다만
　③　使(つか)う→使わ＋れ＋だ(出)し＋た＋の＋は
　④　みる＋と：보면
　⑤　그다지(부정문), 꽤(긍정문)
　⑥　ようになる：〜하게(하도록) 되다. ある：대동사(〜하다)

教養のふかい⑦人を意味していました。Humanitasというのは、中世の
キリスト教学のとり扱う神・神性・神学などについての知識を指すdiv
initasにたいして、人間の価値、教養に重きをおく古代の典籍・学問(h
umaniora)を意味していました。主こしてキリスト教の影響を受けない
キリスト教以前の古代ローマ、古代ギリシャの文学・哲学・思想など
の文献とその研究、いわゆる人文を指していました。ヒューマニズム
とは、そういう人文の研究と教養を身につけている人たちのことでし
た。このヒューマニズムの精神の中には、中世のキリスト教会の教理
と教権にたいする抵抗と人間解放の要求がこめられていた。自然の発
見、人間のねうちづけ、人間意慾の拡大、営利の肯定、戀愛礼讃、機
械の発明等々が人間解放の内容になったと思うのですが、そういう人
間解放の旗じるしになったのが人文復興であり、その担い手⑧になっ
た人たちがヒューマニストと呼ばれたわけです⑨。ヒューマニズムは
このようなヒューマニストの精神と生活を土台として⑩生れた言葉で
す。近代の人間と社会の動きにしたがって、ヒューマニズムの内容も
かわってくるのですが、ヒューマニストがまず現われて、そのあとで
ヒューマニズムという言葉ができた⑪ということは注意すべきことで
す⑫。つまり思想ができて、それからそれを身につけた人間がでてく
るのでなく、一つの人間像ができて、それを担い手とする思想

---

⑦ 주격의 の
⑧ 담당자. 手는 사람을 의미한다.
⑨ 呼ぶ→呼ば＋れ＋た＋わけ＋です. 불리워졌던 것입니다.
⑩ 토대로 하여. 조사 として와 비교할 것.
⑪ 나왔다.(가능하다의 できる와 모양이 같으니 주의)
⑬ 주의해야 할 것이다.

があとからできるということを、まず<u>知っておく</u>⑬必要があります。

　ヒューマニズムを日本では人文主義、人間主義、人道主義、人本主義、人類主義などと訳しておりますが、これは決してまちがっているわけではないのですが、たとえばルネッサンス・ヒューマニズム<u>ならば</u>⑭人文主義は適訳ですが、トルストイのヒューマニズム、ロマン・ローランのヒューマニズムを人文主義と訳すのはおかしいでしょう。これは人道主義と訳すべきでしょう。プラグマチズムとしてのヒューマニズムを人文主義と訳すのはおかしいでしょう。これは人道主義と訳すべきでしょう。プラグマチズムとしてのヒューマニズムを人本主義と訳すのは<u>もっともとして</u>⑮、これを人道主義とか人類主義と訳すのはおかしいでしょう。トーマス・マンのヒューマニズムはこれは何と<u>訳したらよいのですか</u>⑯。

　つまり上にあげたような訳語は、ヒューマニズムの或るものには<u>あてはまっても</u>⑰、他のものにはあてはまらないという意味で、それぞれ一面的なものになっている。それですからこういう言葉は、訳語を<u>つくらずに</u>⑱原語のままヒューマニズムとして用いるのが正しいのではないかと思います。こういう例は他にもある。たとえばプラグマチズム、ファシズム、ニヒリズム、ナショナリズム、テロリズム、リアリズムの如きです。これをしいて日本語に<u>訳すとかならず</u>⑲その本来の

---

⑬ 연용형＋て＋おく : ～해두다.
⑭ 조동사 だ의 가정형. ～라면
⑮ もっとも＋と＋して : 사리에 맞는다고 하여
⑯ 번역하면 좋겠습니까.
⑰ 적합하여도.
⑱ 만들지 않고서　　　⑲ 번역하면 반드시

意味を一面的にしてしまい㉒ます。原語のまま使い馴らし、それを日本語とする方がまちがいが起らないと思います。

　ヒューマニズムは訳語のちがいに現われるように、いろいろの形があります。古代のヒューマニズムもあれば、近代のヒューマニズムもある。西洋のヒューマニズムにたいして東洋のヒューマニズムがある。孔子原始教団の仁の思想のごとき㉑はきわめて中国的なヒューマニズムといえましょう。日本でいうと、古代の情緒ヒューマニズムは万葉集に豊かにまられる。近代の江戸時代では、国学のもののあわれについて㉒のヒューマニズム、町人の人精とモラルのヒューマニズムの面が少なかった㉓といえましょう。

　このようにヒューマニズムにはいろいろの形があるが、これに共通するものは、人間の生命、人間の価値、人間の教養、人間の創造力を尊重し、これを守り、いっそう豊かなものにに高めようとする㉔精神でしょう。したがってこれを不当に踏みにじる㉕もの、これを抑圧し破滅させるものにたいしてつよい義憤を感じ㉖、これとのたたかいを辞しない精神です。これは人間存在の正義観、平等観、幸福感と結びついている㉗ものです。

㉒ て＋しまう：～해 버리다.
㉑ 체언＋の＋ごとき：～과 같은 (것)
㉒ もののあわれ：인생에 대한 무상감. について：～에 대해.
㉓ 少ない의 과거
㉔ 높이려고 하는.
㉕ 짓밟다
㉖ 동사의 중지법.
㉗ 結びつく → 結びつい ＋ て ＋ いる：결부되어 있는

こういう精神はむきしからあった[28]。しかし人間生活が多元的になり複雑化し、したがって人間疎外として[29]の人間否定もきわめて複雑な形をとるようになった現代では、現代に適合したヒューマニズムが要求されるのは当然のことです。たとえば現代の原子力の開発、航空工学、オートメーションなどの進歩による人間への影響は、人類共通の運命の意識をひき起します。この意識はきわめて現代的なヒューマニズムの精神というのを要請します。それはルネッサンスの人文主義ヒューマニズムをもってしても[30]、近代の個人主義ヒューマニズムをもってしても解決できない現代のふかい矛盾と対決しようとするものです。こういう現代のヒューマニズムはどのような形をとるか、どのようにして確立できるか、それによって現代人は果して救われるかどうか[31]。そういう問題をこれから述べてみましょう[32]。

---

[28] むかし + から + あった : 옛부터 있었다
[29] ~(으)로서
[30] ~을 가지고 하여도.
[31] 구할 수 있는가 어떤가. れる는 가능의 뜻
[32] 39쪽 참조

朝鮮統治の總決算

　日本の朝鮮統治について、統治に関係した人たちは「善意の悪政」を日本が<u>やった</u>①という。「悪政」は結果として<u>のこっているが</u>②、「善意」があったというのは証明できない。また「善意の悪政」と似たことばに、日本は「<u>一視同仁</u>」③で朝鮮の人民を統治したとは<u>よくいわれる</u>④ことである。

　これについては事実がそうでないことを証明している。たとえば、日本ては<u>十分ではないに</u>⑤<u>してもある</u>⑥程度の労働者保護法があったが、朝鮮には全然それが<u>なかった</u>⑦。朝鮮には工場法や工業労働者最低年齢法が施行されていない。だから、労働者が工場災害をうけても<u>なんの手当もでない</u>⑧<u>だけでなく</u>⑨、災害の<u>ため</u>⑩工場を休むと、その数は、一九三二年(昭和七年)の五八九五名から年々ふえ、一九四〇年

---

① 하였다

② 남아 있지만

③ 신분, 국적에 관계없이 모든 사람을 동등하게 대우함

④ よく＋いわれる : 자주 이야기되어지다

⑤ 十分ではない＋(の)＋に＋し＋ても : 충분치는 않다고 하여도

⑥ 어느

⑦ 없었다

⑧, ⑨ 아무런 수당도 나오지 않을 뿐 아니라

⑩ ～때문에

まま解雇される。朝鮮では未成年労働者がひじょうに多いが、その(昭和十五年)に三万〇一六三名になっている。

日本の朝鮮統治を弁護する人は、朝鮮人の人口がふえたことをよくあげる。人口増加だけでは善政の証拠にはならない。アジアの国々ではみな人口は増えている。問題はこの人々がどんな生活を<u>していたかによって</u>[11]評価をすべき<u>であろう</u>[12]。

朝鮮人の生活が日本人と同じであったといえる人がはたしているだろうか。春窮民や土幕民、火田民の生活をみれば、朝鮮人の生活がどんなもの<u>であったかがわかるだろう</u>[13]。

治者としての歴代朝鮮総督をみると、その人事がおかしい。これは陸海軍の大将中の最古参者が任命される慣例であった。寺内総督と明石元二郎が往復した手紙によって見ると、台湾総督の任命についても長州閥からでるか薩閥からでるかを問題にしている。歴代総督はみな陸海軍閥の派閥<u>あらそいできまっている</u>[14]。

総督が軍人であることから、彼らはみな、帝国陸海軍の精神主義で統治をやっていた。だから神社をつくり、朝鮮人を強制的に<u>参拝させかり</u>[15]、「国体明徴」とか「皇国臣民ノ誓詞奉唱」とか実に愚劣なことをやっている。

<u>なかでもいちばん</u>[16]愚劣なのが山梨総督である。山梨は就任前に田

[11] 하고 있었는가에 의해
[12] である의 미연형＋う : 추측
[13] ～이었는가를 알 수 있을 것이다
[14] 싸움에서 결정되고 있다
[15] 조동사 せる. 시키기도 하고
[16] 그 중에서도 가장

中義一から金をもらい、民政党の議員を買収して政友会に入党させ、議会で問責決議をうけたことで有名な男であるが、総督になったときからとかくのうわさ[17]があった。それが総督になると、釜山米穀取引所の設立をめぐって一米穀業者から収賄して起訴されている。裁判では贈賄者と山梨の秘書が幇助でそれぞれ有罪、山梨だけ無罪になった。

　小磯国昭が朝鮮総督になったのは、一九四二年(昭和十七年)五月二十九日のことであるが、このころは日本軍がビルマのアンダレーを占領(五月一日)したり、五月七日にはコレヒドール島のアメリカ軍が降服するということもあったが、こんな緒戦の勝利と同時に、日本の敗色もみえはじめていた[18]。すなわち七月以後になると、太平洋の諸島で日本軍の敗けいくさ[19]がしきりに伝えられるようになった。

　そのころ朝鮮でどんな馬鹿なことを総督府がやっていたかというと[20]、まず神社関係の歳出である。当時の総督府財務局長水田直昌のいうところによると[21]、「国体明徴という事が称えられ敬神思想培養の為、各道一社宛国幣小社[22]を奉戴することになって居ります。昭和十六年度は春川と光州でした。右の外今日迄に[23]京城、平壌、大邱、釜

---

⑰　とかく＋の＋うわせ: 이런저런 이야기
⑱　みえる＋はじめる: 동사끼리의 연결은 연용형에. 보이기 시작하고 있었다
⑲　패전
⑳　있었던가라고 말하면
㉑　～이 말한 바에 의하면
㉒　宛(ずつ): 씩. 각 도에서 한 채씩 작은 신사(神社)
㉓　迄(まで): ～까지

山は完成致して居ります。十七年度は咸興、海州、全州に国幣小社を
御列格申し上げる事になっております。」

じつに馬鹿げたことではないだろうか。文化、伝統、風俗、習慣の
ちがう異民族に、日本の国家神道を強制して<u>なにになるのだろうか</u>㉔
(くわしくは岩波新書の村上重良著『国家神道』を見よ)。

朝鮮人の怨みを<u>買うだけで</u>㉕戦局になんの貢献もしない神社づくり
に金を使うのは、それだけ朝鮮人から金をしぼりとったのであるが、こ
の種のしぼりとりには、朝鮮からの軍事費特別会計繰入金というのがあ
る。これは一九三七年(昭和十二年)からはじまっているのだが、一九四
一年(昭和十六年)度は九四五六万八〇〇〇円だったものが、十二月八
日、太平洋戦争がはじまると、一九四二年(昭和十七年)度は、一挙に
一億六三二一万二〇〇〇円になっている。そして敗戦前の一九四四年
(昭和十九年)度には、四億一四〇七万五〇〇〇円にふえている。これは
敗けいくさで、日本の台所が<u>苦しくなったからだ</u>㉖。

<u>このような</u>㉗臨時軍事費をなぜ朝鮮が負担したかということについ
て、「朝鮮は併合から昭和十一年迄は国防費の負担は一切しなかった」
という人がある。しかし国防費というのは軍事費のことで、つまり朝
鮮人を支配し弾圧するための費用であるから朝鮮人が負担するの
は、自分で自分の首をしめるようなものだ。とはいうものの警察費は
朝鮮人もはらわされていた。

㉔ 무엇이 될 것인가
㉕ 살 뿐으로
㉖ 어렵게 되었기 때문이었다
㉗ 이와 같은(36쪽)

こんな金が一九三七年(昭和十二年)の「日華事変」後はだんだん増えているのである。

過去の歴史をみても、異民族の統治は容易にできるものではない。どこの植民地でも、統治者に買収され屈服した民族の裏切者というのがいるものだ。台湾統治の時も<u>そうであったし</u>[28]、また日本が併合するまえの韓国でもそうであった。なにか民族の悲劇というものを<u>感ぜずにはおれない</u>[29]。

朝鮮人の徴兵、創氏改名にしてもそうだ。敗戦後日本に<u>やってきた</u>[30]アメリカ占領軍が、日本式の氏名のよび方は古くさい、名をさきに姓をあとによぶ方が現代的だから<u>そのようにやれ</u>[31]、と<u>命令したら</u>[32]誰が<u>よろこんで</u>[33]実行するだろうか。

徴兵制にしてもそうだ。徴兵制が太平洋戦争のはじめごろ、「わが軍大勝利」の時代、中国全土が日本の支配下にはいり、「日本臣民としての朝鮮人」が、この新しい土地で支配民族となれるという幻想をもっていたものは<u>絶無だとえばいえないかも知れない</u>[34]。たしかに数字のうえにはこんな人のいたことがあらわれている。しかし数字には権力者の強制こいうものはあらわれていない。

第八十五回帝国議会説明資料では、「大東亜戦争ノ様相愈々長期化

---

[28] 그러하였고

[29] 느끼지 않을 수 없다. おれる는 おる의 가능동사

[30] 보내져 온

[31] 그와 같이 하라

[32] 명령하였다면

[33] 기꺼이. 원형은 よろこぶ

[34] ~(라)고는 말할 수 없을지도 모른다

シ各種統制経済ノ強化、生産物資ノ需給不円滑、民衆ノ負担ノ増嵩等
実生活ノ様相愈々急迫ヲ告クルニ伴ヒ一部民衆ノ間ニ厭戦、反官的気
運<u>醸成</u>セラレツツアルト^㉟共ニ各種流言、不穏言辞等反時局的悪質的
言動モ亦増加ノ傾向ヲ示シツツアリ」<u>といっている</u>^㊱。

　一九四四年(昭和十九年)には、前後四回にわたる北九州ならびに南
朝鮮の空襲、サイパン島の日本軍全滅、東条内閣の辞職によって、日
本軍の敗戦必至の浮説がだんだんひろまり、日本の敗戦を期待し
て、朝鮮独立の「白昼夢ヲ画キツツアル不逞徒輩亦尠シトセサル現況
ナリ」といった状況になっている。

　敗戦前の朝鮮人の徴用忌避の動きについても同じ議会資料ではつぎ
のようにいっている。

　最近一般徴用実施セラルル旨発表セラルルヤ、一部知識階層並ニ有
産階級中ニハ逸早ク支那満洲国方面ニ逃カイシ、或ハ住居ヲ転々シテ
当局ノ住居調査ヲ至難ナラシメ、或ハ急拠徴用除外部門ヘノ就職ヲ企
テ一般階層ニ於テモ医師ヲ籠絡仮病入院シ、又態々花柳病ニ羅染シ疾
患ノ故ヲ以テ<u>免レント</u>^㊲企テ中ニハ自己ニ於テ手、足ニ傷ツケ不具者
トナリ忌避セントスル者甚ダシキニ至リテハ労務動員ハ邑面職員乃至
警察官ノ専恣ニ困ルモノト曲断シ、之ヲ怨ミ暴行脅迫ノ挙ニ出ヅル等
ノ査案ハ実ニ枚挙ニ<u>イトマナク</u>^㊳、最近報告ニ接セル事犯<u>ノミニテモ</u>^㊴
二十数件ヲ算スル状況ニアリ。殊ニ先般忠清南道ニ発生セル送出督励

㉟ 양성시켜 감과 동시에. つつ는 영용형에 붙어, 계속을 나타냄

㊱ ～(라)고 말하고 있다

㊲ んとする：～려 하다. 면하려고

㊳ 틈 없이

㊴ のみ + にても：～만으로도

ニ赴キタル警察官ヲ殺害セル事犯ノ如キハ克ク這間ノ動向ヲ物語ルモ
ノニテ、特ニ最近注目スベキハ集団忌避乃至暴行行為ニシテ、慶尚北
道慶山警察署ニ於テ検挙セル不穏企図事件ノ如キハ、徴用忌避ノ為青
壮年二十七名ガ決心隊ナル団体ヲ結成シ食料、竹槍、鎌等ノ武器ヲ携
行山頂ニ立籠リ、アクマデ目的貫徹ヲ企図シ居リタルモノニシテ⑩尖
鋭化セル労働階層ノ動向ノ一端ヲ窮知シ得ラル。

　「尖鋭化セル労働階層ノ動向」というのも、ながいあいだの抑圧に屈
しなかった独立運動の影響であった。その証拠に、咸鏡南道・北道や
平安南道・北道の労働者や農民の抵抗運動は太平洋戦争中もっつづ
き、そしていつも急進的だったが、それは対岸の中国領からの抗日武
装闘争の影響であったのである。またこの戦争で日本の敗色が濃く
なってきたことも⑪、朝鮮人には早くからわかっていた。この点は日
本にいた日本人とはずいぶんちがう。

　日本の降伏という一九四五年(昭和二十年)八月十五日をさかいに朝
鮮人が独立のために起ち上がったのではなく、独立のための胎動は早
くからあったのである。韓国の併合こ李王朝の廃止に反対して起ち上
がった義兵運動、朝鮮民族の独立をたからかに謳った三・一万歳事
件、元山ゼネストや光州学生運動、抗日武装闘争など、朝鮮民の長年
にわたる独立と解放のためのたたかいが八月十五日に実をむすんだと
いうべきであろう⑫。こうして、三六年間にわたる日本帝国の朝鮮統
治は終ったのである。

---

⑩ 居り＋たる＋もの＋にして(〜으로써)
⑪ 짙게 되어 온 것도
⑫ 맺었다고 말해야 할 것이다

중국 말은 잘하지 못하더라도 중국어 문장을 해석할 수 있는 방법이 없을까? 조선시대의 상당수 지식인들은 중국인과 서신을 주고받거나 중국 문헌을 이해하는 데 아무런 어려움이 없었다. 한자를 익히면서 중국어의 문장구조, 기본 문법, 관용구문에 대한 기본적인 지식을 터득했기 때문이다.

▌조선 선비들은 중국어를 말하지 못해도 중국인과 필담을 나눌 수 있었다. ▌

이 책은 중국어 발음을 알지 못하더라도 한자를 어느 정도 알고 있다면 누구나 중국어 문장을 읽을 수 있도록 중국어의 문장구조, 기본 문법, 관용구문을 알기 쉽게 정리한 것이다.

이 책은 업무상 중국어를 하기보다는 중국어 자료를 해석하는 일이 더 시급한 직장인, 중국에서 발행된 자료를 직접 접함으로써 중국의 경제와 사회의 변화를 파악하고픈 일반인 등 다양한 사람에게 한자만으로 중국어 문장을 이해하는 데 큰 도움을 줄 것이다

『강독을 위한 일본어 문법』에 이은
'강독을 위한' 어학 시리즈 2탄!!

강독을
위한
중국어
문법

| 장영석, 장엽 지음 |

20여 년 경력의 통역 가이드가 알려주는
'도쿄'를 제대로 보는 법

도쿄 산책

마쓰오카 아키고 지음/
이토 히데토 · 승현주 감수/ 근상제미 옮김

이해할 수 없는 일본인의 말과 행동,
그 이유는 무엇일까?

일본인이 오해받는 100가지 말과 행동

: 국제교류와 비즈니스에서 일본을 이해하는 힌트

야마쿠세 요지 지음 / 이경수 옮김

> **"일본어 원문과 한국어 독해를 나란히 보며 읽는 일본어 그리고 일본"**

일본인이
왜 그런 행동을 하는지 궁금하다면
일본인의 정신을 들여다보라

일본인의 정신

야마쿠세 요지 지음/ 박양순 옮김

29가지 중대 사건을 통해 본 일본 역사

그때 일본이 만들어졌다

: 일본사의 중대 전환점

니시우미 고엔 지음 / 박양순 옮김

진짜 실력을 키우는 독해 시리즈

한일대역-일본을 읽는다

옛날 이야기나 고전 소설이 아닌 오늘의 일본을 읽으며 살아있는 일본어를 배운다. 한울과 일본 IBC가 함께 만든 한일대역 시리즈

앙은 뭘까?
누가 낫토를 발명했을까?
다다미 크기는 왜 여러 가지인 걸까?

일본 의식주 사전

: 일본 와사비, 한국 고추냉이

도요자키 요코 · 스튜어트 버남 앳킨 지음 /
승현주 옮김

한울의 외국어 학습서

School English Grammar(제2판)
박술음 지음

Natural English
Polite English
곽영일 지음

편입영어 기출문제
독해 통째로 낚기 / 어휘 통째로 낚기 / 문법 통째로 낚기
하석태 / 하석태, 이대현 / 하석태, 이대현 지음

NEW GRE WRITING
Michelle Seo 지음

곽영일 · 임용생의 슈퍼대디 레알 잉글리시
곽영일, 임용생 지음

NEW 김태기 GMAT
김태기 지음

팝스 잉글리시 와이즈
팝송을 통한 7단계 영어학습법
김형엽, 곽영일 지음

한문해석강화(개정판)
최상익 지음

표준 이탈리아어 문법(품사론 2)
품사론 1 / 품사론 2
김미애 지음

독일 Cornelsen의 영어학습서

Mr Wong's Revenge
Ken Singleton 지음

The Last Time I Saw You
Learning English through Thriller B1/B2
C. J. Niemitz 지음

Business English for Beginners A2
Mike Hogan, Britta Landermann,
Shaunessy Ashdown, Andrew Frost,
Birgit Welch 지음

일본어 첫걸음
강독을 위한 일본어 문법

펴낸이 김종수	펴낸곳 한울엠플러스(주)
초판 1쇄 발행 1980년 11월 15일	중판 6쇄 발행 2017년 6월 20일
주소 10881 경기도 파주시 광인사길 153 한울시소빌딩 3층	등록번호 제406-2015-00143호
전화 031-955-0655	팩스 031-955-0656	홈페이지 www.hanulmplus.kr

Printed in Korea ISBN 978-89-460-6353-2 93730
* 책값은 겉표지에 표시되어 있습니다.